女子脳がすくすく育つ！
決定版
女の子のおりがみ

監修 新井康允
脳神経科学者・順天堂大学名誉教授

主婦の友社

脳科学に見る「女の子・男の子」

あたたかい色、生活にちなんだ遊びが女の子は大好き！

脳神経科学者
新井康允先生

赤ちゃん時代は男女のちがいはあいまいですが、成長とともに性差がくっきりしてきます。とくに意識して遊びを教えたつもりはなくても、女の子は絵本を読んだり、おりがみを折ったり、おままごとをしたりと、おだやかな遊びを好む傾向が見られます。

「子どもの脳は、胎児のときに男性ホルモンを浴びるかどうかで変わってきます。そのため生まれたときにはすでに性差があります。その後の成長過程で、家庭の環境や社会的な影響などにより男女差が広がっていくと考えられています」と、脳神経科学者の新井康允先生。男の子はお母さんのおなかの中で、自分の精巣から分泌される男性ホルモンの「アンドロゲン」を浴びますが、女の子は精巣がないので浴びません。胎児のときにこのホルモンを浴びるかどうかによって先天的なちがいが出てきます。

男女の傾向　女の子は……
- ままごとや人形遊びが好き
- 暖色系がお気に入り
- 人物や花を好んで絵に描く
- 人と話したり、気持ちを察したり、コミュニケーション力が高い「共感性の脳」
- 日常生活に対する興味・関心が深い
- 言語能力が高く、対人志向

男女の傾向　男の子は……
- 積み木や動くおもちゃが好き
- 寒色系がお気に入り
- 動くものを好んで絵に描く
- おもちゃなどがどういうメカニズムで動くのかを追求する「システム化の脳」
- 体を使った遊びを好み、エネルギー消費が大
- 空間認知力が高く、対物志向

ホルモンの働きで生まれたときから男女差が

女の子と男の子で、描く絵はこんなに対照的

▲6歳の女の子の自由画

▲6歳の男の子の自由画

人が好きで、共感する力に長ける女の子

　男の子と女の子のちがいは、描く絵にもわかりやすく表れるといわれます。上の例のように、女の子の絵は人物や花、動物や太陽など、平和的で楽園的なモチーフが多く、構図は同一線上に描いた2次元的なものが特徴。色づかいもカラフルです。

　反対に、男の子の絵は車や電車、飛行機など動くものが多く、またモチーフを中心に配置して、3次元的な構図で描くことが多くなります。色調は寒色系で、使う色も少なめです。こうした特徴は世界各国で共通しているため、「普遍的な性差によるものだと考えられます」と新井先生。

　ほかにも、女の子はまわりの大人のすること、とくに生活に関わることに興味をもちやすく、その表れが人形遊びやままごと遊びで、日常に近い遊びを好みます。「対人志向」、つまり人に興味を抱きがちなのも特徴で、小さいころから人のお世話が好き。人の気持ちを読みとったり、共感したりする「共感性」や「やさしさ」に長けています。女の子は言語能力も幼いうちから発達しています。男の子が、乗り物などダイナミックに動くものが好きで「対物志向」が強いのとは対照的です。

幼児の絵に見る男女の性差
（幼児が描く自由画に表れる男女差の傾向を比較したもの）

女の子		男の子
人物、花、ちょう、小動物（ペット）、地面、木（草木）、家	モチーフ	動くもの（自動車、電車、飛行機、ロケット、船など）、武器、機械的なもの、攻撃的シーン
明るい色、暖色、10色以上を使う、色を散在的に使う	色	暗い色、寒色、使う色は6色以下、ひとつの場所を同じ色で塗る
モチーフは複数、各モチーフを均等に、並列的に描く、2次元的	構図	拡大して中心に配置、強調的、ふかん的、3次元的
あまりリアルでなく擬人的、平和的、楽園的、装飾的	表現	リアルな表現、細部まで細かい、ダイナミック

出典：「臨床精神医学 第30巻 第7号 別刷」

そんな「女の子脳」にぴったりのおりがみは？

脳科学に見る「女の子・男の子」

手指の機能向上や脳の発達に効くおりがみ

本書はそんな女の子と男の子の脳の性差に注目して構成しています。とり上げている作品は、女の子が好んでする遊びや、好きなものを中心に選んでいるため、折りたいものがすぐに見つかります。ままごとやごっこ遊び、おはなしづくりなどに発展させられる作品も多いので、折ったあとにもたっぷり遊んでくださいね。

指先を使ってギュッと折りつぶしたり、おりがみの端と端を合わせようとしたりする手指の動きは、手指そのものの機能を向上させることはもちろん、脳の刺激・発達にもつながっていきます。

1 もぐもぐカフェ
食べ物や家具など

お店屋さんごっこ遊びに。人や日常に興味を抱く、女の子ならではの遊びです。

子どもが好きなモチーフの男女差
（幼児が描く自由絵に登場するモチーフを比較研究した数値）

モチーフ	女の子 %	男の子 %
動くもの（乗り物など）	4.6	92.4
山	3.1	14.5
人物	93.6	26.5
花	57.0	7.2
ちょう	23.4	3.2
太陽	76.5	50.8
家、建築物	33.5	17.7
木	23.4	9.6
地面	57.8	42.7
雲	32.8	25.0
空	49.5	41.9

出典:「臨床精神医学 第 30 巻 第 7 号 別刷」

2 なかよしどうぶつえん
身近な動物、かわいい動物

女の子はやさしく、お世話好き。やわらかそうで、かわいいものに引かれます。

3 おしゃれブティック
服やアクセサリーなど

対人志向が強いから、お母さんや身近な女性の服装やしぐさに興味津々。おしゃれにも敏感です。

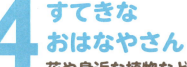

4 すてきなおはなやさん
花や身近な植物など

花は、男の子に比べ、情感豊かな女の子が圧倒的に好むモチーフです。

成長過程でかたちづくられる個性を大切に

　女の子は先天的に暖色系を好む傾向があるため、最初は赤やピンク、オレンジや黄色などを手にとりがちですが、ほかの色を無理に与える必要はありません。大人といっしょにおりがみを折る中で、大人がほかの色で折った作品を目にしていれば、使う色の範囲は自然と広がっていくでしょう。

　一方で、女の子らしさや男の子らしさといったものに、あまりこだわりすぎるのもよくありません。先天的な男女のちがいはあっても、その後の個性や「その子らしさ」は家庭環境や社会環境、経験などがかたちづくっていくものです。ここに挙げているのはあくまでも「傾向」なので、異なるモチーフや寒色を好む女の子もいて、それはまたその子の個性です。「女の子はしとやかに」といった固定観念を押しつけず、のびのびと育つよう見守りましょう。

▲女の子は暖色系が大好き。

▲対して男の子は寒色系を好みます。

監修者 新井康允(あらいやすまさ)先生　脳神経学者で順天堂大学名誉教授。性差による脳のちがいを長年研究。『ここまでわかった！女の脳・男の脳』(講談社)、『男脳と女脳 こんなに違う』(河出書房新社) など著書多数。一男三女の父。

女の子が「かわいい」「遊びたい」と感じるような、楽しいおりがみを集めました。
1枚の紙が、花や動物、アクセサリーなどへと、さまざまに形を変えていくおもしろさは、
豊かでこまやかな感性と情緒をはぐくみます。
また、作品を使っておはなしをつくったり、ごっこ遊びをしたりして
遊びを発展させられるのもおりがみの魅力。ぜひいっしょに楽しんでみてください。

もくじ

あたたかい色、
　生活にちなんだ遊びが
　女の子は大好き！ …… 2

きほんのおりかたと
　きごうのやくそく …… 10

1 もぐもぐカフェ

クロワッサン	14
サンドイッチ	16
オムライス	18
くり	20
いちご	24
ジュース	26
ソフトクリーム	28
いちごのケーキ	30
ドーナツ	34
えんとつパンやさん	35
アメリカンハット	38
テーブルといす	40

2 なかよし どうぶつえん

ちょうちょう	46
どうぶつ ゆびにんぎょう	48
エンゼルフィッシュ	52

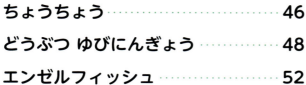

アシカ	54
ゆきうさぎ	57
ふうせんきんぎょ	60
こぶた	62
くま	64
インコ	66
はばたくとり	68
おりはづる	70

3 おしゃれブティック

スカート …………………………… 74
シャツ ……………………………… 76
ワンピース ………………………… 78
ゆかた ……………………………… 81
ドレス ……………………………… 84
リボン ……………………………… 88
ハートのブレスレット …………… 90
ハートのネックレス ……………… 92
うでどけい ………………………… 94

ゆびわ ……………………………… 96
サングラス ………………………… 99
ハンドバッグ ……………………… 102
ふたつきのはこ …………………… 104
ほうせきばこ ……………………… 106
カードケース ……………………… 109
さかなのてがみ …………………… 110
うさぎのてがみ …………………… 112

もくじ

4 すてきなおはなやさん

- つきみそう ……… 116
- あじさい ……… 118
- はっぱ ❶ ❷ ……… 120
- ばら ……… 122
- ダリア ……… 124
- チューリップ ……… 126
- つばき ……… 129
- はなのおりがみ
  おしゃれアレンジ …… 132

5 ひなまつりのおりがみ

- おひなさま ……… 136
- さんにんかんじょ ……… 138
- あしつきさんぼう ……… 140

- さくいん ……… 143

きほんのおりかたと きごうのやくそく

たのしくおりがみをするために、きほんのおりかたを、しっておきましょう。
おるときのおてほんになる「おりず」には、いろいろな「きごう」がでてきます。
おぼえておくと、おるのがかんたんになります。

たにおり

てんせんのところが、うちがわに「たに」になるようにおります。

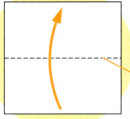
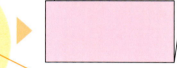

たにおりせん
やじるしのほうにたにおり

やまおり

てんせんのところが、そとがわに「やま」になるようにおります。

やまおりせん
やじるしのほうにやまおり

おりすじをつける

いちどおってもどすと、すじがついてつぎをおる「めやす」になります。

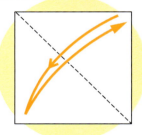

1
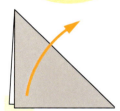

てんせんのところでたにおりしたあと、もどします。

2
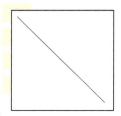

ほら、おったところにおりすじがつきました。

ゆびアイロンをギューッ！

アイロンをかけるみたいにおりめをゆびで、ギューッとなぞりましょう。
しっかりおりめがついて、きれいにおれますよ。

ひらいて、つぶす

しかくを、ひらいてつぶす

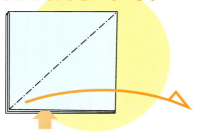

⬆のあたりから、しかくのふくろにゆびを
いれます。そして、やじるしのほうに
ひらいたら、つぶします。

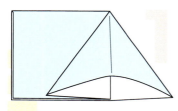

しかくのふくろに
ゆびをいれて
ひらいたところ。

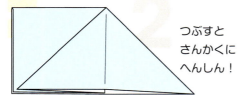

つぶすと
さんかくに
へんしん！

さんかくを、ひらいてつぶす

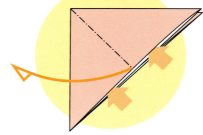

⬆のあたりから、さんかくのふくろに
ゆびをいれます。そして、やじるしの
ほうにひらいたら、つぶします。

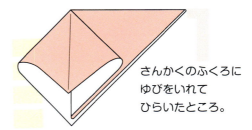

さんかくのふくろに
ゆびをいれて
ひらいたところ。

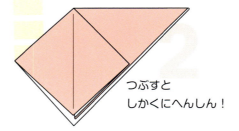

つぶすと
しかくにへんしん！

だんおり

おりあがりが「だん」になるように、
やまおりとたにおりを、となりあわせにおります。

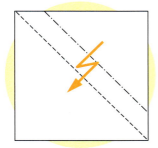

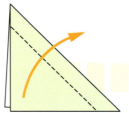

さいしょに、たにおりではんぶんに
おったら、てんせんのところで、
おりかえします。

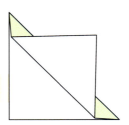

たにおりとやまおりが
となりあわせになって
「だん」がおれました。

なかわりおり

ふたつおりのあいだをわって、おりいれます。

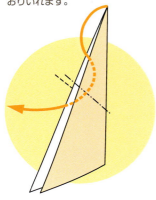

おりせんのところでいちどおってもどし、おりすじをつけます。

すこしひろげて、おりすじのところでなかにおりいれます。

ゆびでおして、わりいれるよ。

もっとおりさげて…

なかわりおりができました。

そとわりおり

ふたつおりを、とちゅうからぐるんとうらがえします。

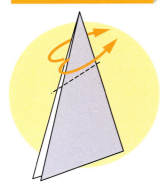

おりせんのところでいちどおってもどし、おりすじをつけます。

ふたつおりをひろげて、おりすじのところでぺこんとうらがえします。

おりたたむと、そとわりおりのできあがり。

おりずらす

おっているめんと、ちがうめんをだします。

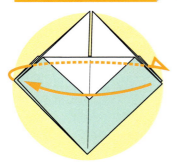

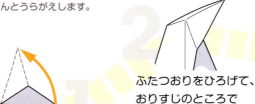

てまえをひだりに、むこうがわをみぎにおります。

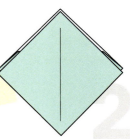

いままでおっていたのと、ちがうめんがでました。

おいしそうなおりがみが、た〜くさん！

もぐもぐカフェ

いらっしゃいませ〜。わたしのカフェへようこそ！
サンドイッチやくだもの、デザートまで、
どれもこれも、たべたくなっちゃう。
いっぱいおって、「いただきまーす」。

もぐもぐカフェ

クロワッサン

こんがりとやけた、おいしそうな
クロワッサンでしょう？
ななめに「だん」をおって
かわいいみかづきのかたちにします。

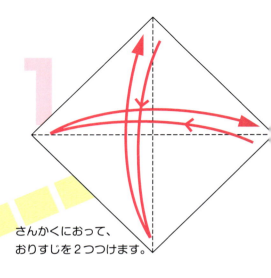

さんかくにおって、
おりすじを2つつけます。

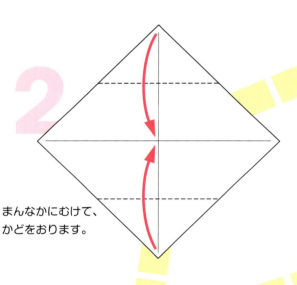

まんなかにむけて、
かどをおります。

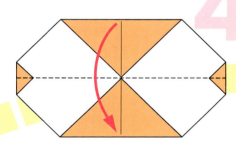

はんぶんにおります。

はしをちいさくおります。

わあ、
おいしそう！

おいしそうだけど、
たべる「まね」だけ
にしよう。

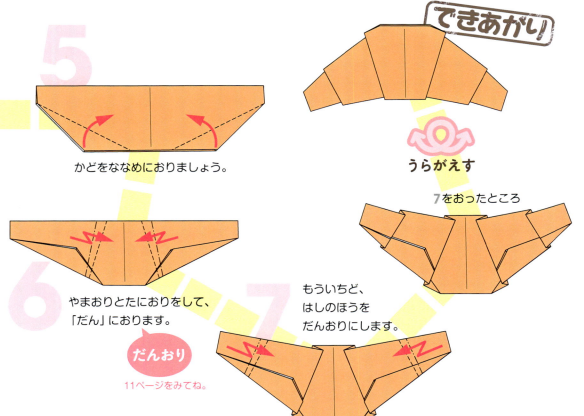

5 かどをななめにおりましょう。

6 やまおりとたにおりをして、「だん」におります。

だんおり
11ページをみてね。

7 もういちど、はしのほうをだんおりにします。

7をおったところ

うらがえす

できあがり

15

もぐもぐカフェ

サンドイッチ

おりがみのうらのしろいいろが、しょくパンになるの。
そして、ほそくのぞいたおりがみのいろが「ぐ」。
みどりでレタスサンドにする？
それともピンクでハムサンド？

おおきなかみで
おってね。

1 いろのついたほうを
おもてにします。
はんぶんにおって、
おりすじをつけましょう。

2 おりすじの
すこしうえでおります。

3 なかのいろが、
すこしみえます。
てんせんのところで、
むこうにおります。

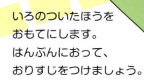

3をおったところ

4 てんせんのところで
おって、おりすじを4つ、
つけましょう。

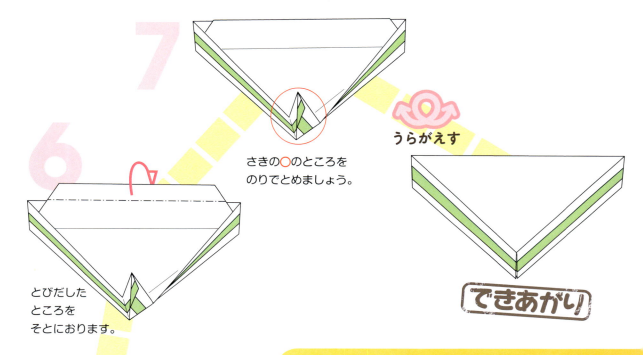

さきの○のところを
のりでとめましょう。

うらがえす

できあがり

とびだした
ところを
そとにおります。

ぐいっとおりまげるよ。サンドイッチ
のかたちにととのえてね。

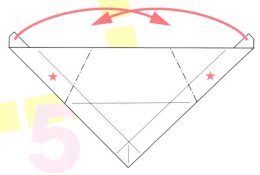

★のあたりをもって、さんかくの
やまとやまが、かさなるように
たたみます。かさなったところは
のりやテープでとめてね。

おりがみ創作：新宮文明

もぐもぐカフェ

オムライス

ふっくらとおいしそう！
オムライスは「ボート」にもなります。
ボートにするときは8でできあがり。

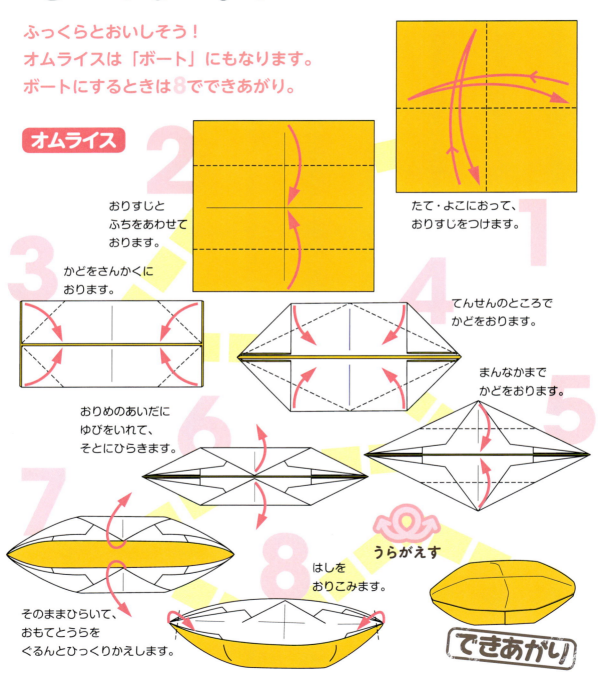

おりがみ創作：新宮文明

おさら

1 おなじはばで ながしかくにおって もどします。

2 こんどはたてに、おなじはばでおって もどします。

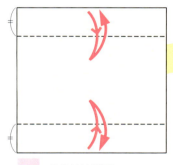

3 をおった ところ

かどのアップです。やまおりと たにおりをして、かどを つまみます。

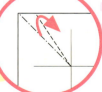

4 とびでたところを むこうがわへおります。ほかのかども 3〜4と おなじにおります。

レタス

まるめたおりがみをひろげて 「はっぱ2」(120ページ) の **2** まで おったら、かどをきります。

ケチャップはあかいおりがみをきっただけ。
キャベツは、まるめてシワにしたおりがみを
ほそくきったよ。

もぐもぐカフェ

くり

「いが」からひょっこりと
かおをのぞかせた、かわいいくり。
「み」と「いが」をべつべつにおります。

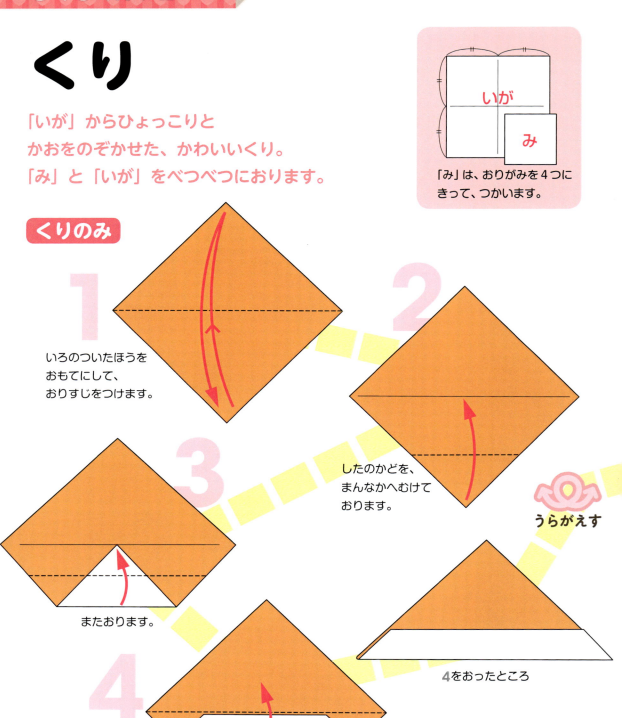

「み」は、おりがみを4つに
きって、つかいます。

くりのみ

1 いろのついたほうを
おもてにして、
おりすじをつけます。

2 したのかどを、
まんなかへむけて
おります。

3 またおります。

4 おりすじで、もういちどおります。

うらがえす

4をおったところ

5

うらがえしたら、
かどをさんかくにおります。

うらがえす

できあがり

いが

1
ななめにおって、おりすじをつけます。

2
まんなかにあわせて、かどをおります。

つぎのページへ

21

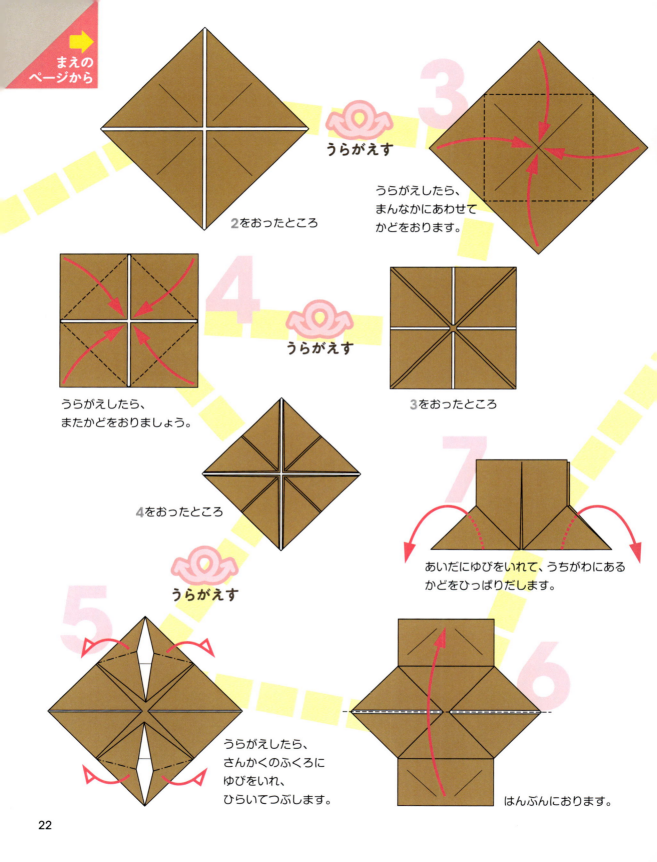

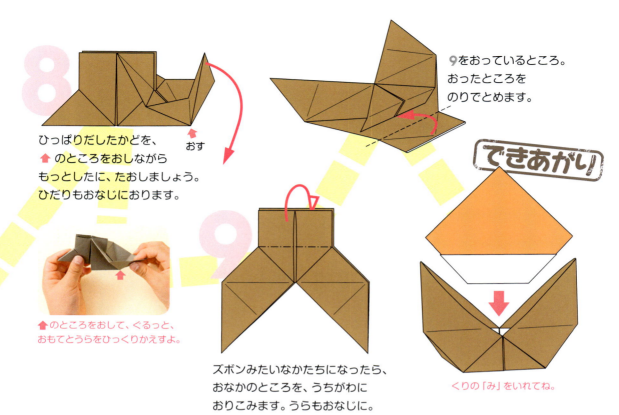

8 ひっぱりだしたかどを、➡のところをおしながらもっとしたに、たおしましょう。ひだりもおなじにおります。

➡のところをおして、ぐるっと、おもてとうらをひっくりかえすよ。

9 をおっているところ。おったところをのりでとめます。

ズボンみたいなかたちになったら、おなかのところを、うちがわにおりこみます。うらもおなじに。

できあがり

くりの「み」をいれてね。

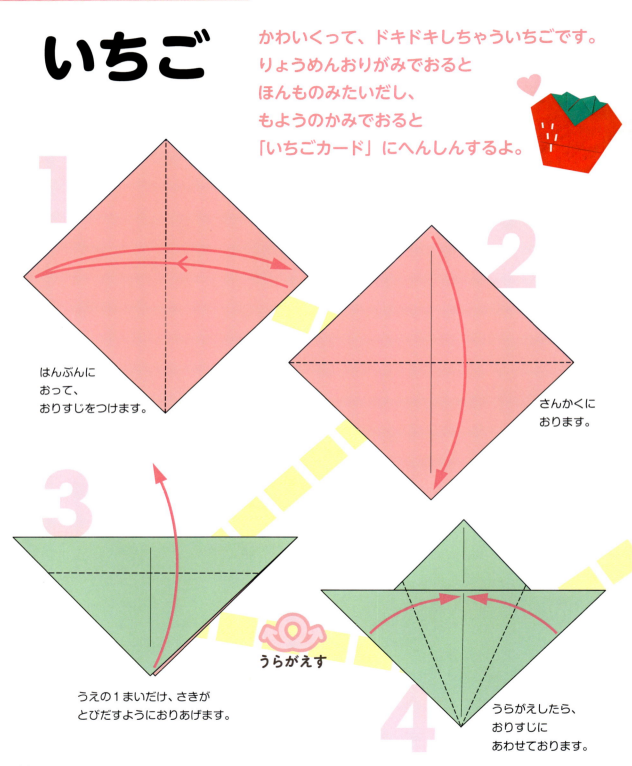

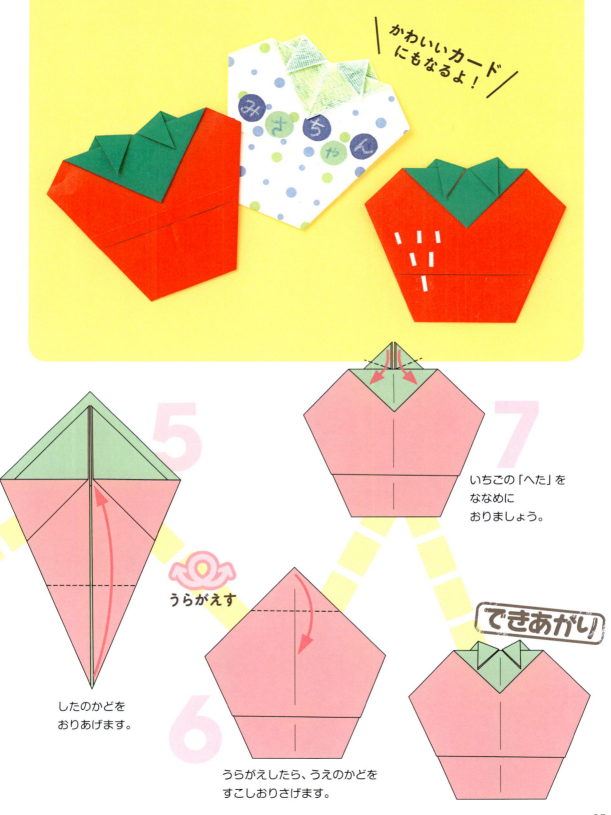

もぐもぐカフェ

ジュース

たてながのコップにはいった、おいしそうなジュース。
メロンあじ、オレンジあじに、ソーダまで、
おりがみのいろで、おもいのまま。たのしくあそんでね。

1 たて・よこにおって、おりすじをつけます。

2 もういちどおりすじをつけます。

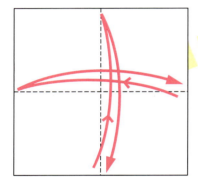

3 2でつけたおりすじにあうように、むこうがわへおります。

**すくすく！
遊び方のヒント**

「見立て遊び」はものごとをイメージする力をはぐくみます。赤い紙で折ったら「いちごジュースかな？ トマトジュースかな？」など、ぜひ声かけをしながらいっしょに遊んで、想像を促してあげましょう。

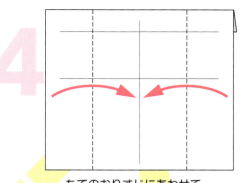

たてのおりすじにあわせて、
ふちをおります。

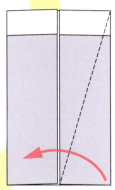

てんせんの
ところで
ななめに
おります。

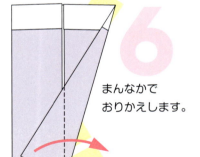

まんなかで
おりかえします。

6をおったところ。
ひだりも
おなじように
5〜6をおります。

コップがたつように
したをおりましょう。

うらがえす

できあがり

おりがみ創作：新宮文明

27

もぐもぐカフェ

ソフトクリーム

みんながだいすきな、ソフトクリームのおりがみです。
りょうめんおりがみでおれば、まっちゃソフトやチョコソフトも。
たくさんたべても、おなかがいたくならないから、うれしいな！

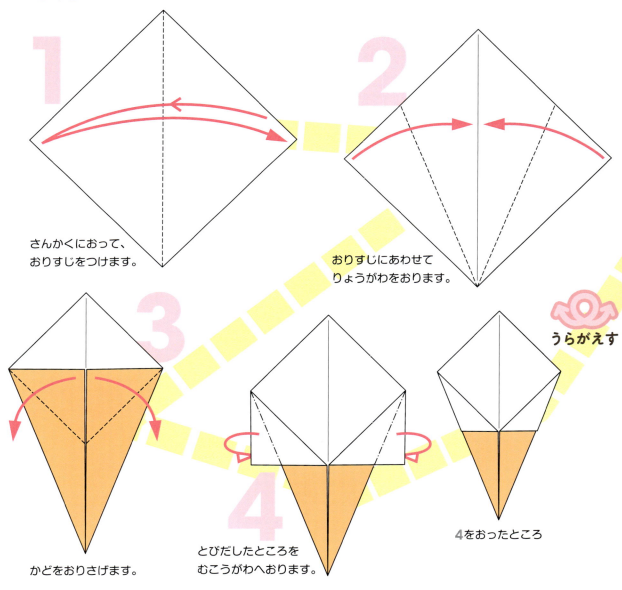

1. さんかくにおって、おりすじをつけます。
2. おりすじにあわせてりょうがわをおります。
3. かどをおりさげます。
4. とびだしたところをむこうがわへおります。

うらがえす

4をおったところ

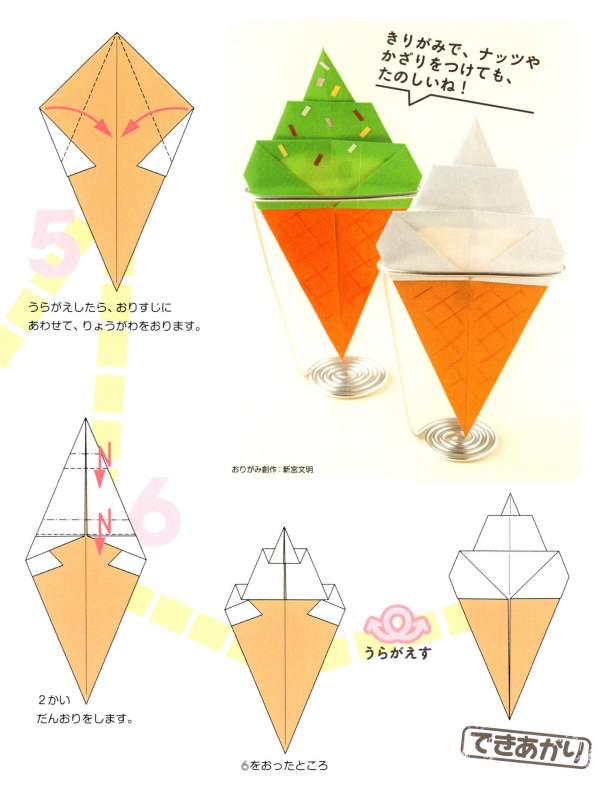

もぐもぐカフェ

いちごのケーキ

ふんわり、たまごいろのスポンジケーキに
クリームといちごで、デコレーションをしたの。
おもわずたべたくなっちゃうね！

スポンジケーキ

1 しかくくはんぶんにおります。

2 うえの1まいだけおりあげます。まんなかより、すこしうえでおるよ。

3 うしろの1まいもおなじところでおります。

4 てんせんのところでおりすじをつけます。

5 おりすじにあわせて、かどをおります。

6 おりすじのところでおりさげます。

7 6をおったところ。うらもおなじに4～6をおりましょう。

8
つぎの9のかたちに なるように、ひろげます。

9
てんせんのところでおって、 おりすじをつけます。

10
↑からてをいれて、 やじるしのほうへひらきます。

11
10をおっているところ。 なかをひろげて、はこをつくります。

はこにも つかえるよ

できあがり

ケーキの「だい」になるよ。

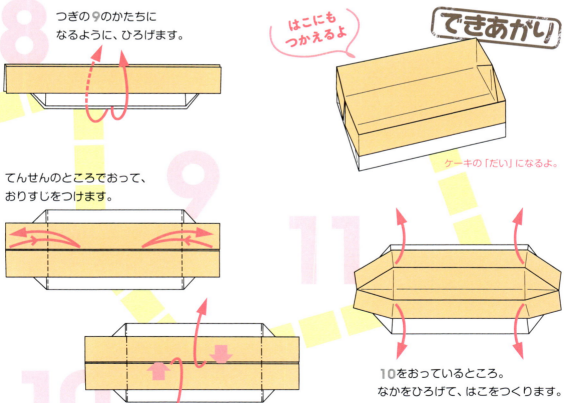

つぎのページへ

まえのページから

クリーム

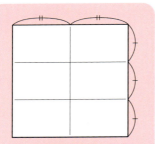
おりがみを6つにきってつかいます。

1 ながしかくにおっておりすじをつけます。

2
かどを4つおります。

3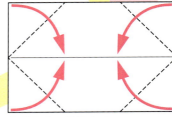
おりすじをつけます。

うらがえす

4 うらがえしたら、てんせんのところでおりすじをつけます。

5 てんせんのところでおりすじをつけます。うえはんぶんも、4〜5をおっておりすじをつけます。

6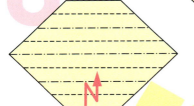
おりすじのとおりに、やま・たにをくりかえしおります。

7
まんなかでおっておりすじをつけます。

8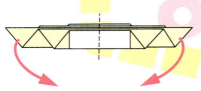
ひだのあいだにゆびをいれ、ひろげましょう。

できあがり

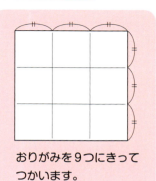
おりがみを9つにきってつかいます。

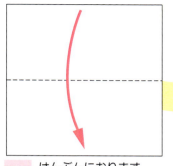

1 はんぶんにおります。

2 よこはんぶんにおります。

3 しかくのふくろに↑からてをいれて、やじるしのほうへひらいてつぶします。

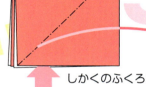

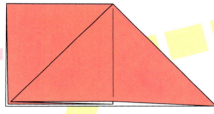

4 3をおったところ。うらもおなじに、ひらいてつぶします。

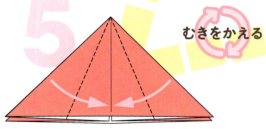

5 ふちをおりすじにあわせて、おります。

むきをかえる

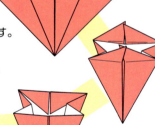

6 むきをかえたら、とびだしたさんかくをうちがわにおりこみます。うらもおなじに5〜6をおりましょう。

6をおっているとちゅう。うちがわにおりいれてね。

6をおったところ

むきをかえる

できあがり

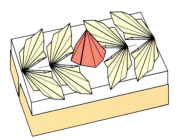
ひっくりかえしたスポンジケーキに、いちごとクリームをかざってね。

とびだしたさんかくを、なかにおって、かくすかんじ。

もぐもぐカフェ

ドーナツ

おりがみのもようが
おさとうのトッピングみたい！
おりがみを2まいつかいます。

おりがみ創作：新宮文明

1 おりがみを4つにきって、「アシカ」(54ページ) の **3**までおります。

2 てまえのさんかくを、うえにおりかえします。いろちがいで8つ、これをおります。

むきをかえる

のり

3 のりをぬって、いろちがいのあいだにはさみます。

4 3をくりかえして8つはりましょう。

できあがり

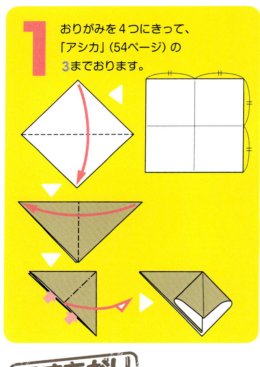

もぐもぐカフェ

えんとつパンやさん

ちょこんとのびたえんとつから、しろいけむりが、あがっているよ。
おいしそうなパンがやけるまで、あと、もうちょっとだね！

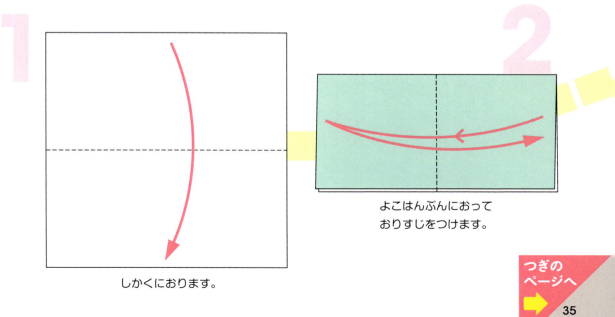

1. しかくにおります。

2. よこはんぶんにおって
おりすじをつけます。

つぎのページへ

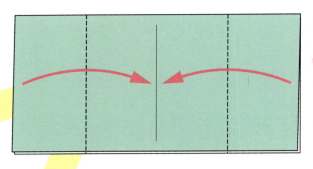

3

おりすじにあわせて
りょうがわを
おります。

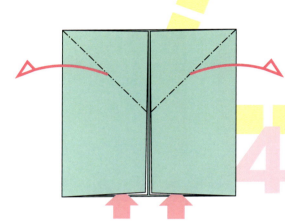

4

↑からてをいれて、
ふくろをひらいてつぶします。

ふくろのなかに、こんなふうにてをいれて、ひろげてね。

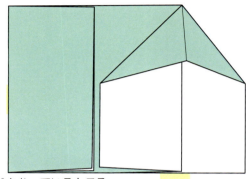

4をおっているところ

5

まんなかから、みぎとひだりに
ひらきます。

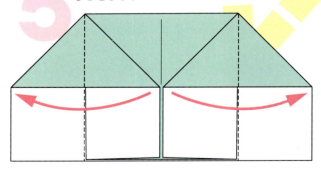

すくすく！
遊び方のヒント

プロセス5まで折ると、いったん「家」のでき上がり（写真左）。「えんとつパン屋さん」はその変形です。こうした発展性もおりがみのすばらしさ。プロセス2〜3で折る位置をかえると、右の写真のような屋根の高さがちがう家も折れます。

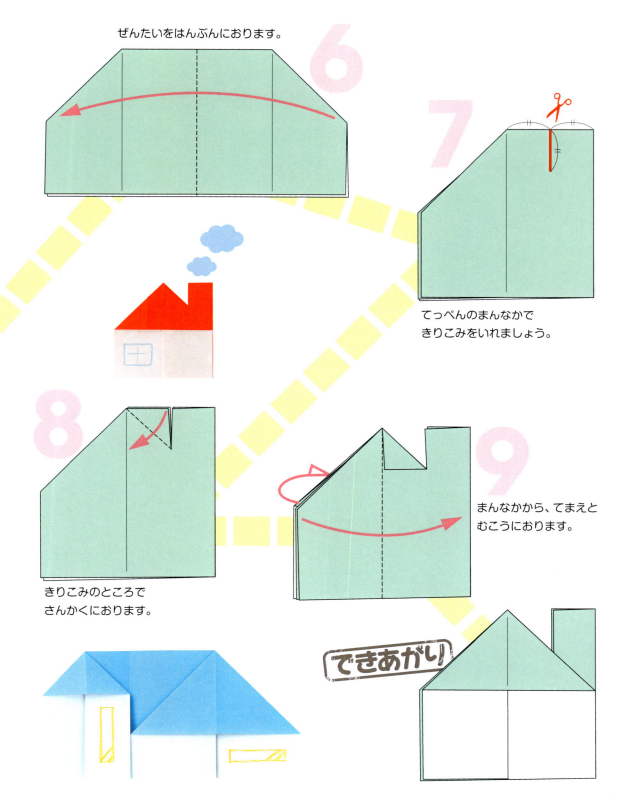

もぐもぐカフェ

アメリカンハット

ハンバーガーやさんがかぶるような、かっこいいぼうしでしょ？
おおきなかみでおると、かぶることができます。
しろいところに、せんをかいたり
シールをはったりして、じゆうにかざってね！

1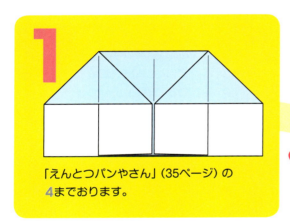

「えんとつパンやさん」（35ページ）の**4**までおります。

2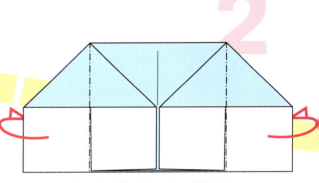

りょうがわをむこうへおります。

おおきいかみでおりがみしちゃおう！

おおきいかみでおれば、ほんとうにかぶれるぼうしができるよ。「しんぶんし」や「ほうそうし」でおりがみみたいな「ましかく」をつくっちゃおう。

いらっしゃいませー！

つくりかた
1. おおきいかみを、さんかくにおります。
2. あまったところを、きります。
3. おおきいましかくの、できあがり！

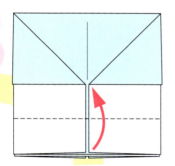

てまえだけをうえへおります。

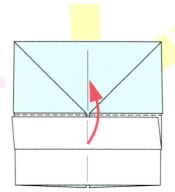

もういちど、うえへおります。

むこうがわも、おなじように
3〜4をおります。

できあがり

39

もぐもぐカフェ
テーブルといす

カフェだもん、たべるのに、テーブルといすもなくっちゃね！
もようのかみでおると、テーブルクロスをかけたみたいに
かわいらしく、しあがります。

テーブル

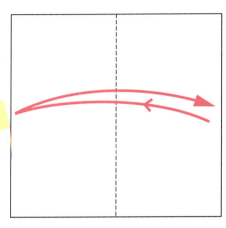
1
はんぶんにおって、
おりすじをつけます。

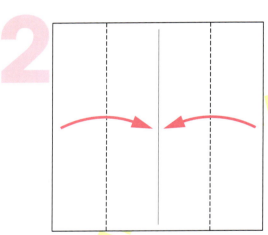
2
ふちを、おりすじにあわせて
おります。

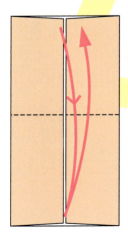
3
はんぶんにおって
おりすじをつけます。

4
おりすじにあわせて
うえとしたをおります。

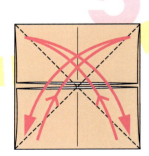
5
ななめにおって
おりすじをつけます。

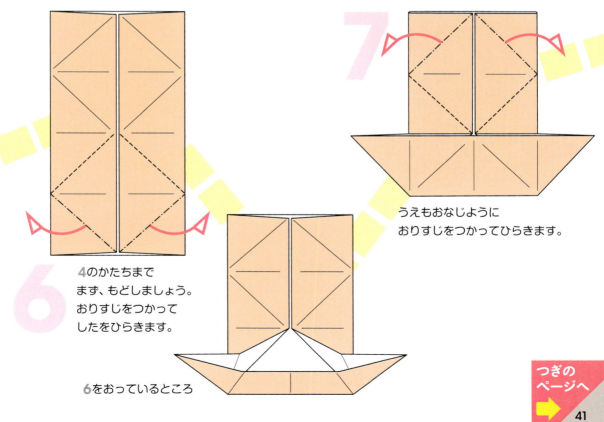

6 4のかたちまで　　
ます、もどしましょう。
おりすじをつかって
したをひらきます。

6をおっているところ

7 うえもおなじように
おりすじをつかってひらきます。

つぎの
ページへ

41

まえのページから

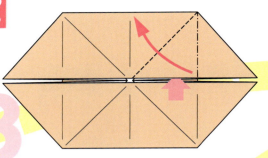

ふくろに⬆からてをいれて、
やじるしのほうへ、ひらいてつぶします。

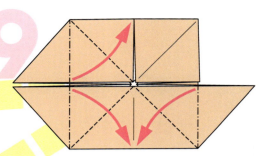

8をおったところ。ほかの3つも
おなじように、ひらいてつぶします。

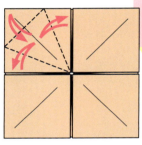

てんせんのところでおって
おりすじをつけます。

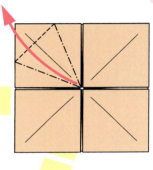

おりすじをつかって
かどをうえへ
ひらきます。
ダイヤがたに
つぶしましょう。

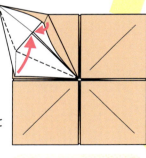

11をおっているところ。
ほかの3つも、10〜11と
おなじにおります。

かどをうえへひらいたら、
おりすじにそって
ダイヤがたにつぶすよ。

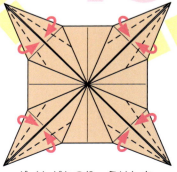

ダイヤがたのりょうはしを
ほそくおります。

すくすく！
遊び方のヒント

生活習慣の再現、身近な大人の様子などをまねする「ごっこ遊び」は、「見立て遊び」の延長にあり、子どもの想像力に磨きがかかってきたことのあかしです。おりがみにはごっこ遊びに適した作品がたくさん。イメージ力がアップするよう、じょうずに導いてあげましょう。

おちゃとケーキが
おでむかえ

まほうで、おりがみのせかいにいってみたよ！

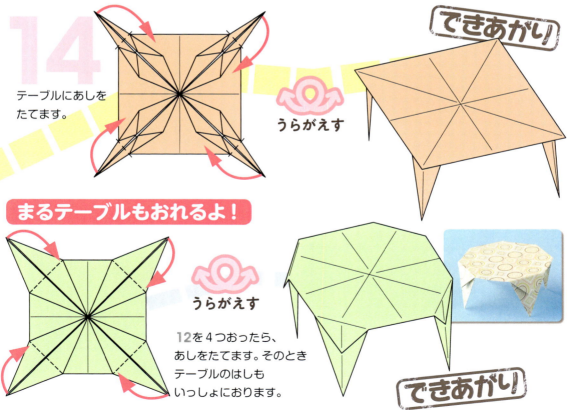

14
テーブルにあしをたてます。

うらがえす

できあがり

まるテーブルもおれるよ！

うらがえす

12を4つおったら、あしをたてます。そのときテーブルのはしもいっしょにおります。

できあがり

43

いす

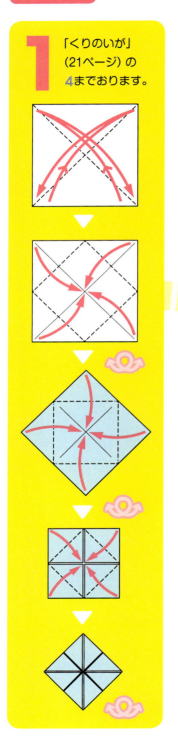

1 「くりのいが」(21ページ)の **4**までおります。

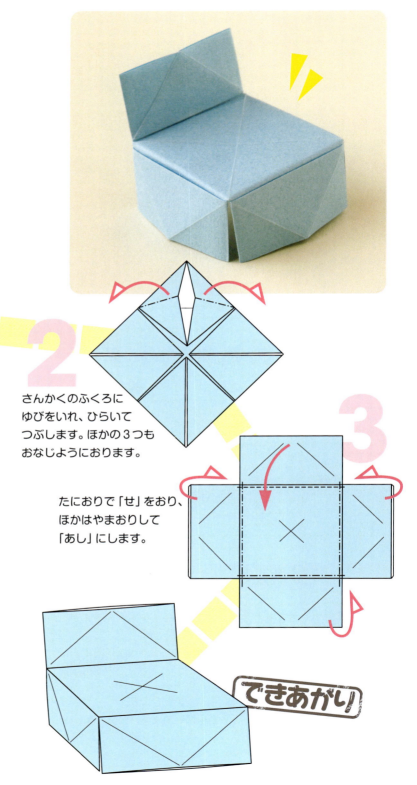

2 さんかくのふくろにゆびをいれ、ひらいてつぶします。ほかの3つもおなじようにおります。

3 たにおりで「せ」をおり、ほかはやまおりして「あし」にします。

できあがり

2 なかよしどうぶつえん

かわいいどうぶつたち、だいしゅうごう！

とってもかわいい、どうぶつたちのおりがみだよ。
なかよしのどうぶつたちが、いっぱいでてくる
たのしいおはなしを、つくっちゃおう！

なかよしどうぶつえん

ちょうちょう

ひらひらと、おはなばたけをたのしそうにとぶ、ちょうちょう。
きりがみやクレヨンで、もようをつけると
もっとかわいい、ちょうちょうになるよ。

1 「テーブル」(40ページ) の **7** までおります。

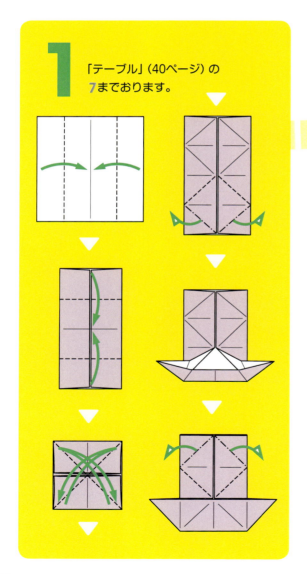

2 2つのかどを おりさげます。

3 うえを むこうがわへ おります。

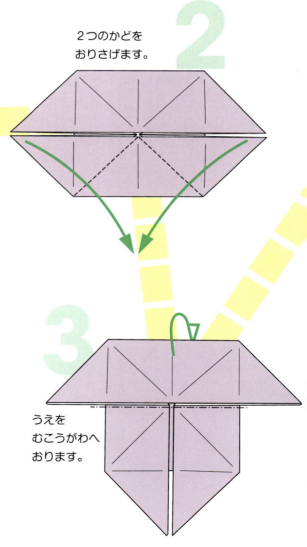

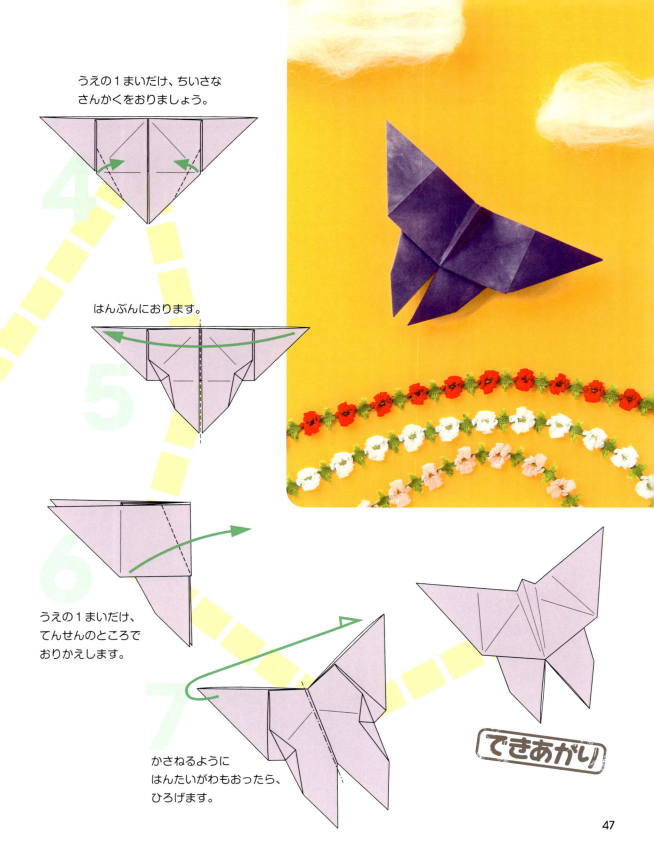

なかよしどうぶつえん

どうぶつ ゆびにんぎょう

きほんのかたちを、ちょっとくふうすると
いろいろなどうぶつがおれるから、とってもたのしい！
おおきなかみでおると、かぶれる
「どうぶつぼうし」にもなるよ。

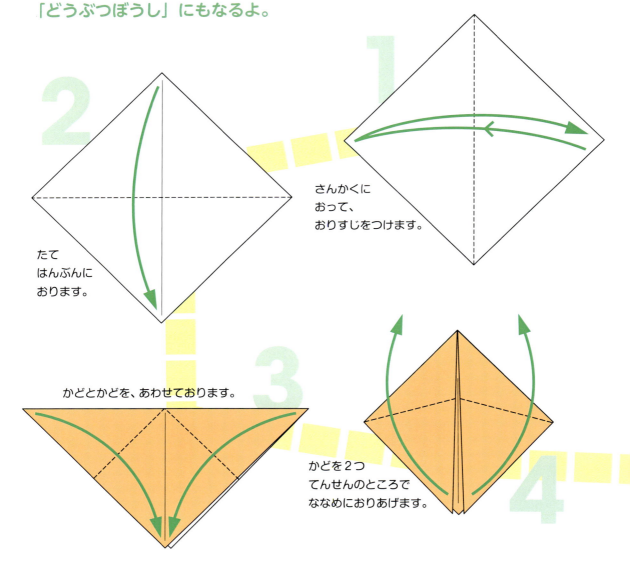

1 さんかくにおって、おりすじをつけます。

2 たてはんぶんにおります。

3 かどとかどを、あわせております。

4 かどを2つてんせんのところでななめにおりあげます。

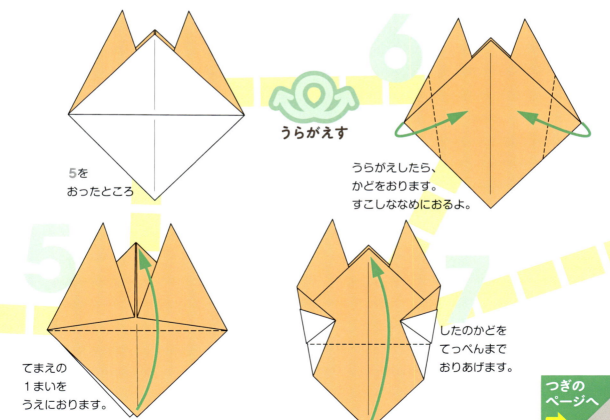

5を
おったところ

うらがえす

うらがえしたら、
かどをおります。
すこしななめにおるよ。

てまえの
1まいを
うえにおります。

したのかどを
てっぺんまで
おりあげます。

つぎの
ページへ

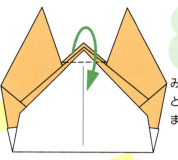

8
みみのあいだに
とびでたかどを、
まとめておりさげます。

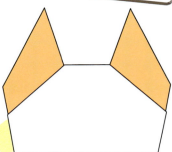

うらがえす

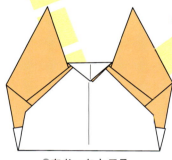

8をおったところ

ニャ〜

わんわん！
こんにちは

おはなしをつくって
あそんだよ！

いっしょに
おやつを
たべよう

どうぶつ、いろいろくふうってたのしいな!

おりかたをすこしかえたら、いろいろなどうぶつがおれちゃった!

いぬ
ワン!
あっちこっちむいたみみがいいでしょ?

ぶた
ブ〜!
ちょこんとみみをたらしてみたよ。

きつね
コン!
おりかた６で、かおがほそながくなるようにおったよ。

すくすく！遊び方のヒント

物語をつくって遊びましょう。情緒豊かになり、想像する力が育つのはもちろんのこと、作中の会話を考えたりするうちに、社会性も大いに発達します。お気に入りの絵本の物語をなぞるところから、気軽に始めるといいですよ。

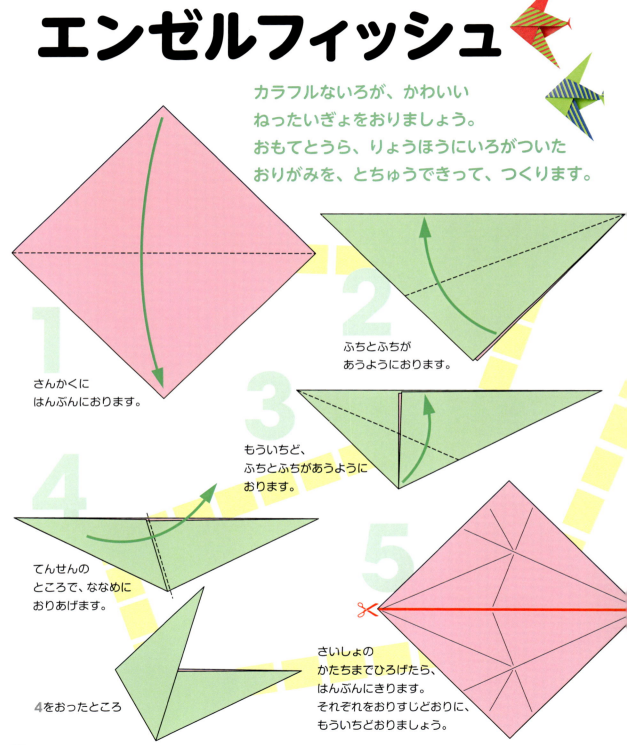

おなじかたちで
いろちがいがおれました。
しただけうらがえします。

**しただけ
うらがえす**

ずのようにおいたら、
2つをくみあわせます。

7をくみあわせて
いるところ

おびれをかさね、
たがいちがいになるように
おってとめます。

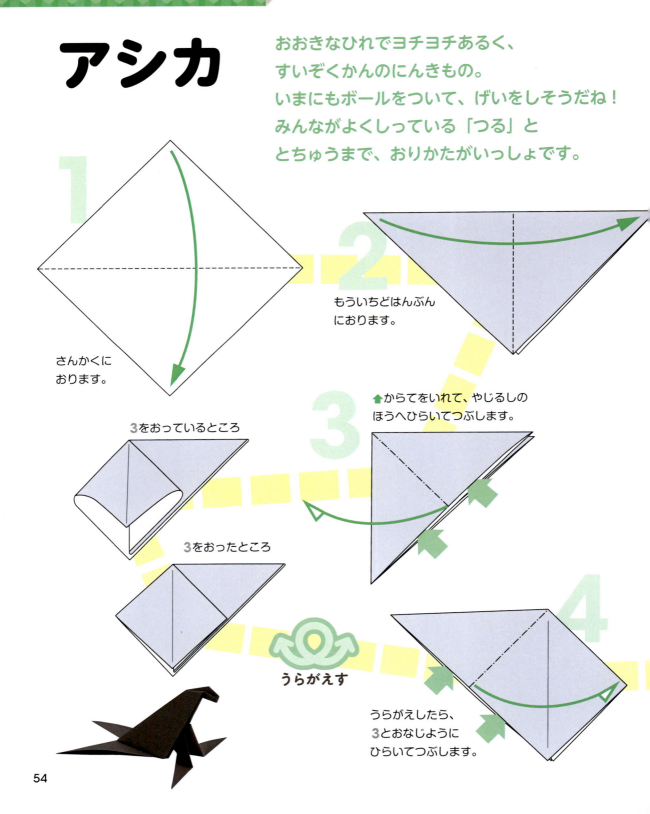

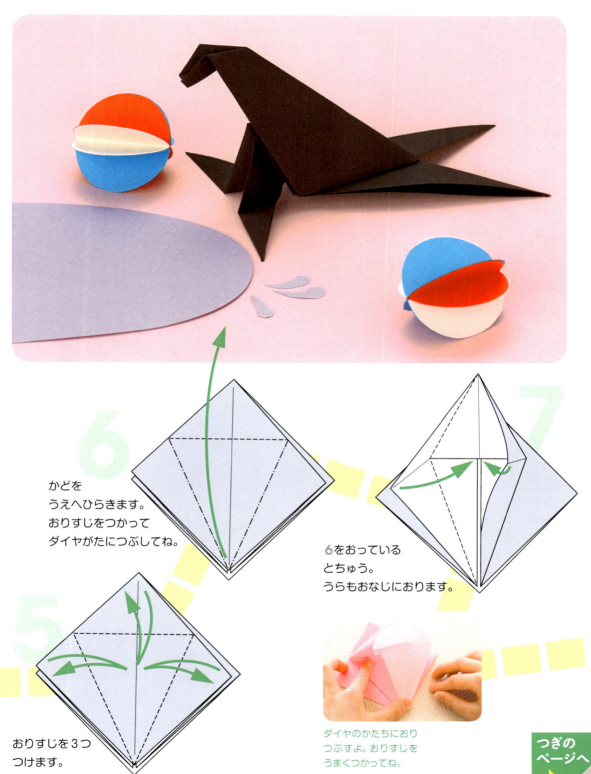

かどを
うえへひらきます。
おりすじをつかって
ダイヤがたにつぶしてね。

6をおっている
とちゅう。
うらもおなじにおります。

おりすじを3つ
つけます。

ダイヤのかたちにおり
つぶすよ。おりすじを
うまくつかってね。

つぎの
ページへ

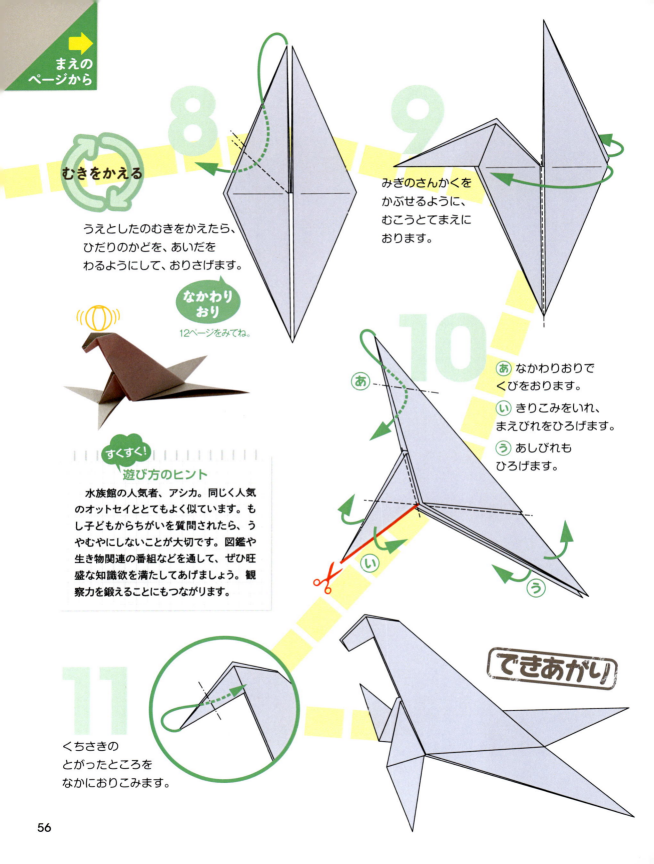

なかよしどうぶつえん

ゆきうさぎ

みんながよくしっている
「ふうせん」のへんけいです。
だから、ふうせんみたいに
からだがぷっくり！
ゆきのなかで、まあるくなっている
うさぎみたいでしょ？

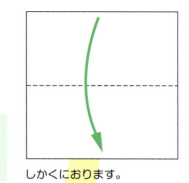

1 しかくにおります。

2 もういちど、はんぶんに
おります。

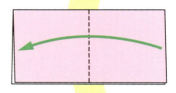

ふくろに↑から
てをいれて、やじるしのほうに
ひらいてつぶします。

3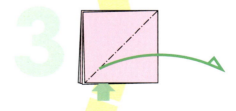

4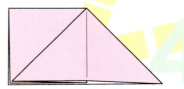

3をおったところ。
うらもおなじに
ひらいてつぶします。

つぎの
ページへ

57

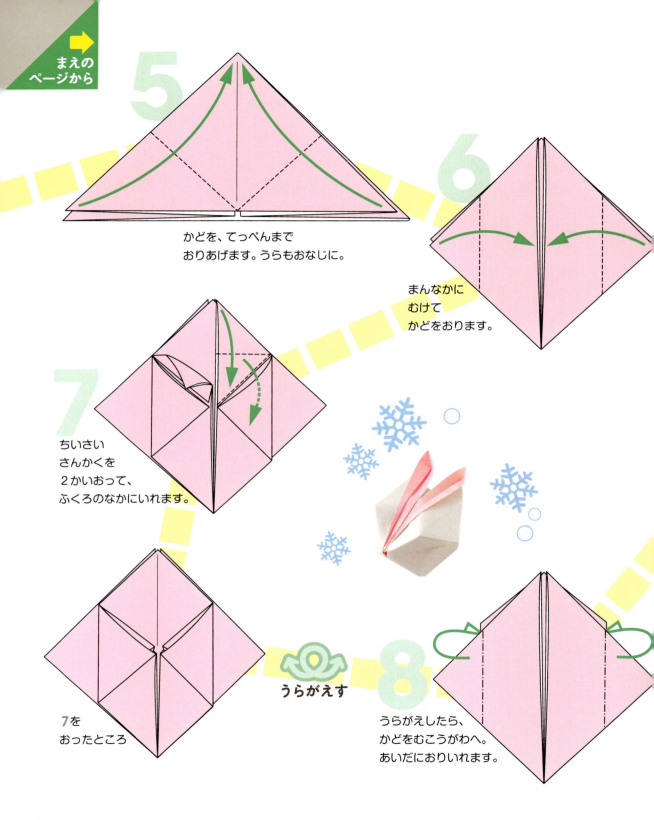

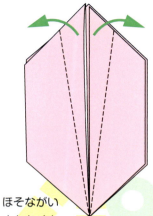

ほそながい
さんかくを
おって、みみに
します。

9

おりがみのおもてとうらを、ぎゃくにしておるのも、たのしいよ。
からだがしろで、みみにいろのついたゆきうさぎがおれる。

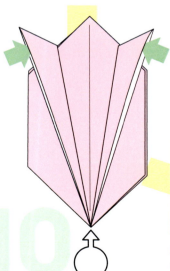

10

➡ からゆびをいれて、
みみをひろげたら、
あなからいきをふいて
ふくらませます。

ほそながさんかくをひろげよう。わあ、
うさぎのみみになった！

できあがり

59

なかよしどうぶつえん

ふうせんきんぎょ

これも、「ふうせん」と、とちゅうまでおりかたがいっしょです。
こいしといっしょに、とうめいのいれものにいれてみて。
まるでほんものみたいに、みえちゃうの！

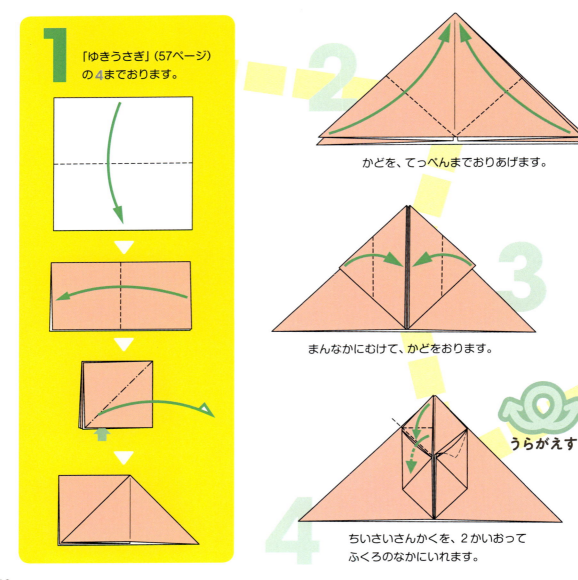

1 「ゆきうさぎ」（57ページ）の4までおります。

2 かどを、てっぺんまでおりあげます。

3 まんなかにむけて、かどをおります。

うらがえす

4 ちいさいさんかくを、2かいおってふくろのなかにいれます。

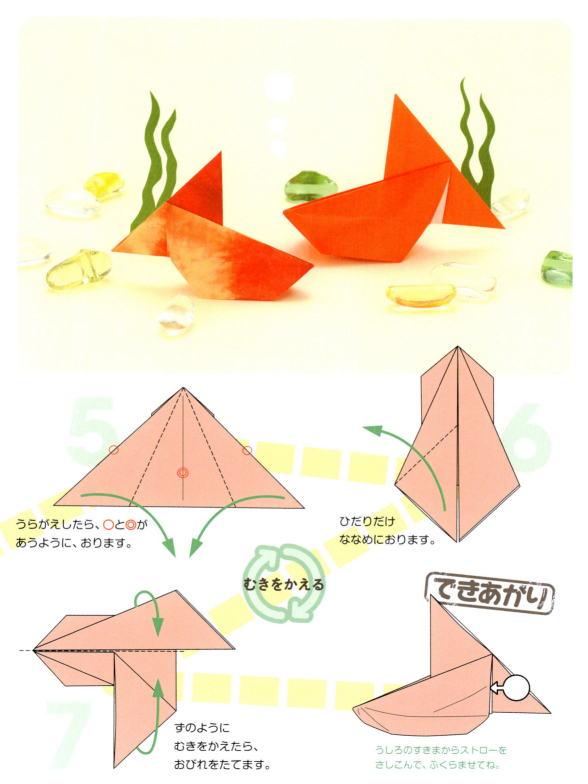

なかよしどうぶつえん

こぶた

ブーブーぶたさん、うっすらピンクのからだがかわいいね！ しっぽがちょっとむずかしいけど、がんばって！

1 「テーブル」（40ページ）の**5**までおります。

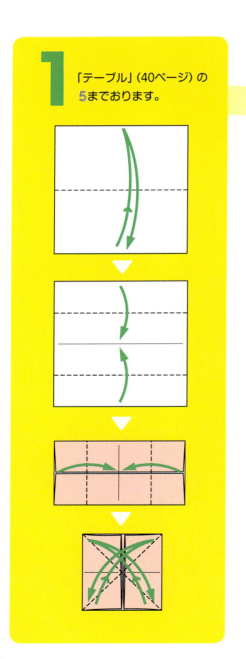

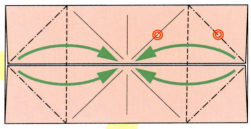

2 このかたちまでもどします。つぎに、◎と◎のおりすじどうしがつくように、おります。ほかの3つのばしょも、おなじにおりましょう。

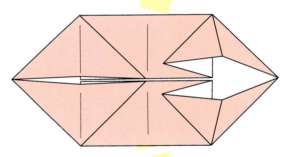

2をおっているところ

3 したをむこうがわへおります。

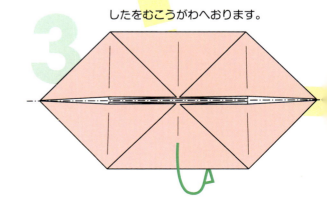

なかよしどうぶつえん

くま

ぬいぐるみみたいな、
かわいいくまちゃんです。
あたまとからだをべつべつに
おります。おったら、
くりくりのおめめをかこうね！

からだ

1 たて・よこに
おって、
おりすじを
つけます。

2 まんなかにむけて
うえのかどをおります。

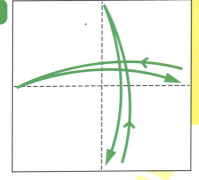

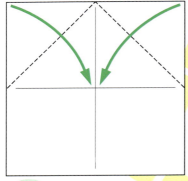

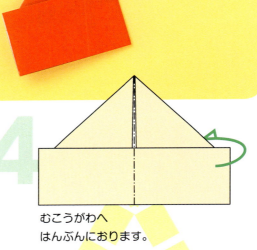

3 すこし
かさなるように
したをおりあげます。

4 むこうがわへ
はんぶんにおります。

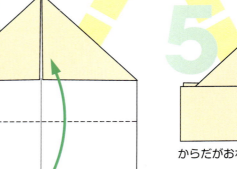

5 からだがおれました。

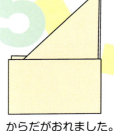

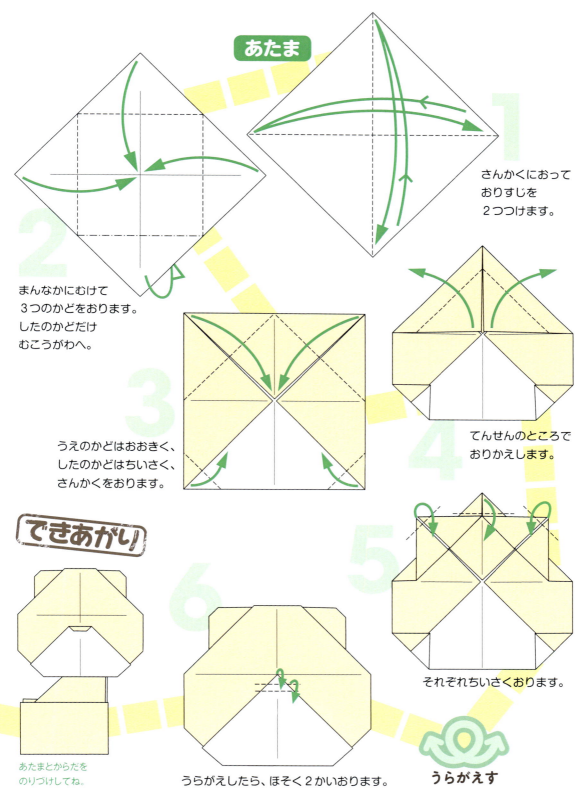

なかよしどうぶつえん

インコ

しってる？　インコは、ものまねとおしゃべりが とってもじょうずなんだよ。
じぶんだけの、てのりインコをおっちゃおう！

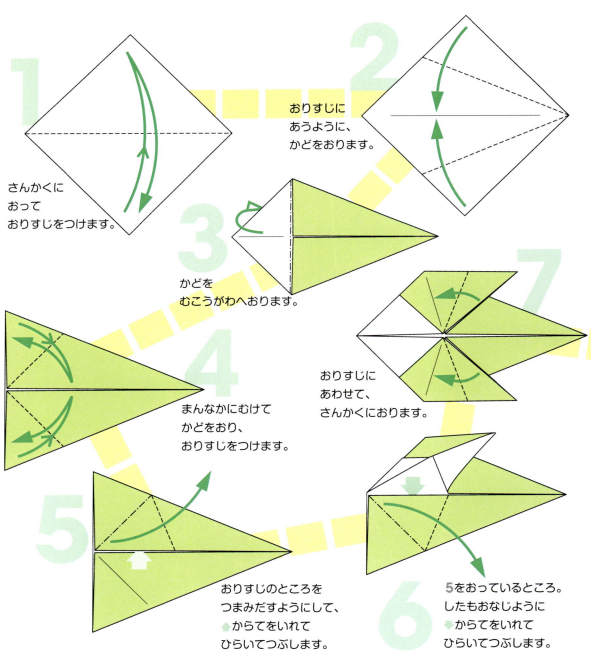

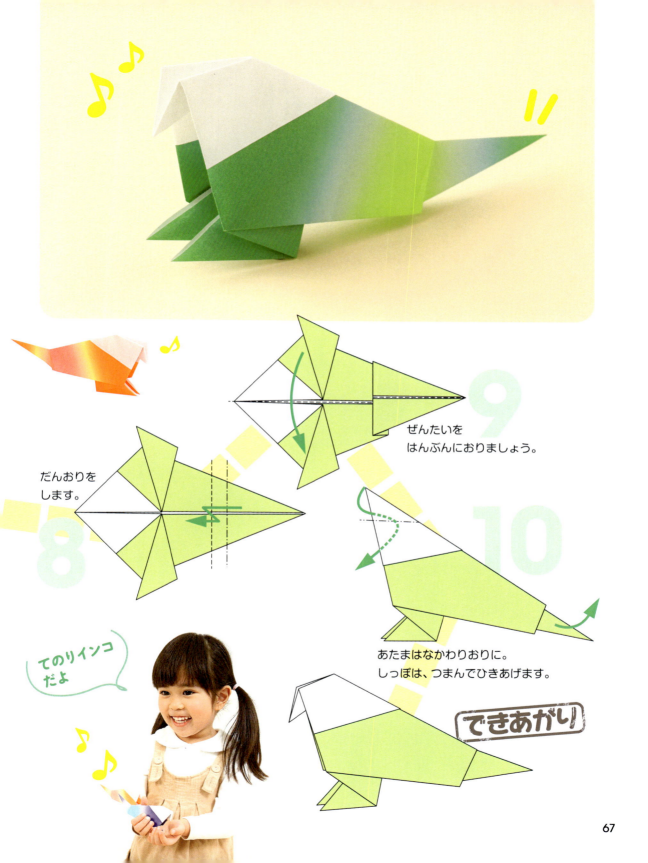

はばたくとり

むねのところをもって、しっぽをひっぱると
はねがパタパタうごきます。
ほんとうに、とりがはばたいているみたいで
たのしいよ。

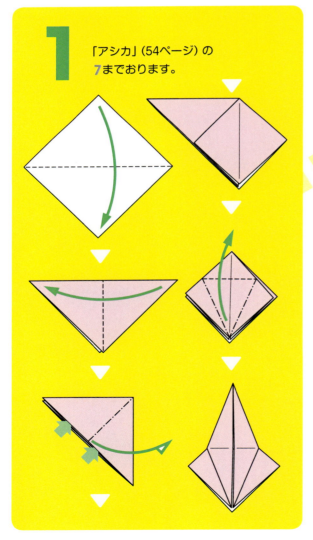

1 「アシカ」（54ページ）の**7**までおります。

2 なかわりおりでしっぽをおります。まよこをむくようにしっぽをおると、はねがきれいにパタパタするよ。

3 ひだりもおなじに、なかわりおりでくびをおります。

すくすく！遊び方のヒント

1枚の紙からでき上がっているおりがみならではの、動く作品です。「パタパタ」「バサバサ」など、擬態語や擬音語の楽しい響きを交えながら遊ぶようにすると、自然と言葉も習得できます。

4 くびのさきで もういちど なかわりおりを。

5 てんせんの ところでおり、はねをひろげます。

みてみて〜! パタパタするよ

できあがり

★のところをしっかりもって、しっぽをひっぱるよ。

69

なかよしどうぶつえん

おりはづる

おりたたまれたはねを、うつくしくひろげたつるのおりがみです。
こまかくてたいへんだけど、がんばってみて！

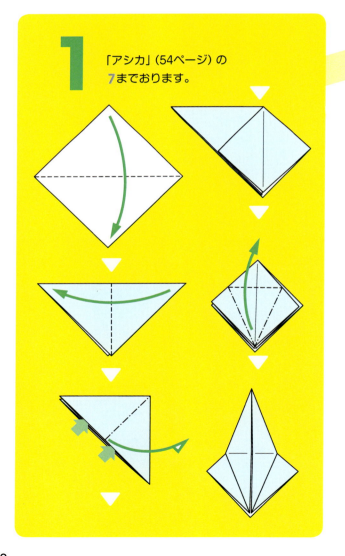

1. 「アシカ」（54ページ）の **7** までおります。

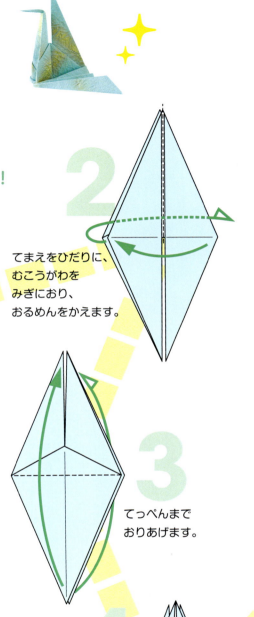

2. てまえをひだりに、むこうがわをみぎにおり、おるめんをかえます。

3. てっぺんまでおりあげます。

4. ○と○のふちどうしがあうようにおります。このあと **10** までは、うらもおなじにおります。

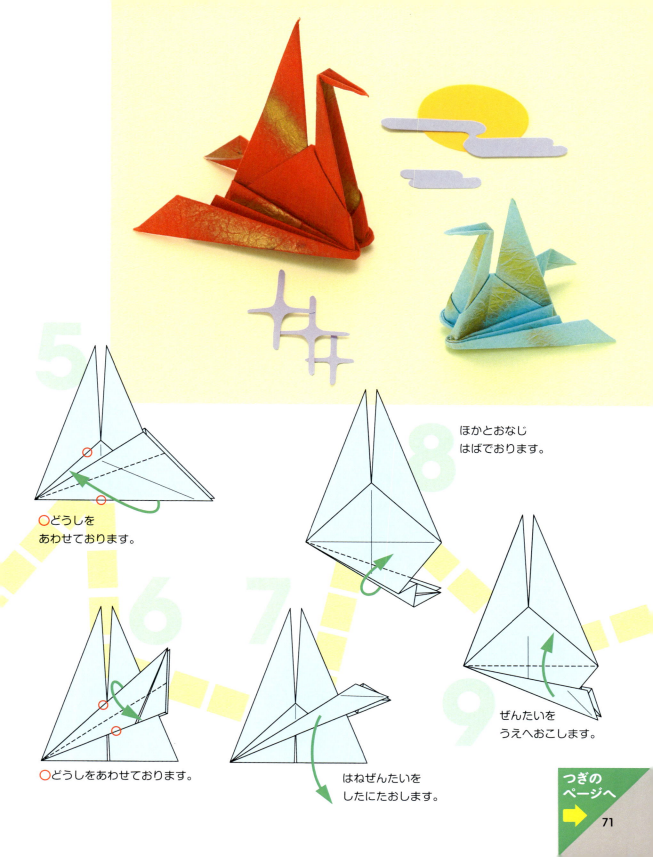

まえの
ページから

10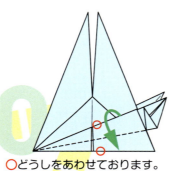
○どうしをあわせております。

11
くびぜんたいを、はんぶんにおって
うちがわにおりこみます。
かみがあつくて、おりにくかったら
11はとばしてもだいじょうぶ。

12
なかわりおりで、あたまをおります。

13
おりたたんだ
はねを
ひろげましょう。

できあがり

おりはづるは、にほんにむかしから
ある「わし」というかみでおると、
おりやすいよ。

おしょうがつかざりに
よくにあうでしょ？

3 おしゃれブティック

キュートにへんしん。おしゃれならまかせて！

おんなのこはみんな、おしゃれがだいすきね！
おしゃれアイテムをたくさんおって、
おみせやさんごっこをしましょ！

おしゃれブティック

スカート

ふわりとすそがひろがったスカート、
とってもかわいいでしょ？
チェックやみずたま、
もようのかみでいろいろおってね。

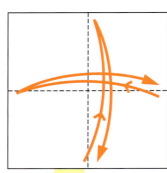

1 しかくにおって、おりすじをつけます。

2 みぎとひだりをおって、おりすじをつけます。

3 りょうはしをてんせんのところでほそくおります。

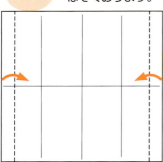

4 おりすじのところでむこうがわへおります。

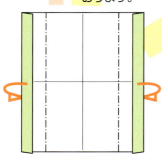

5 たにおりせんでいちどおったら、⬇のあたりからゆびをいれて、ひらいてつぶします。

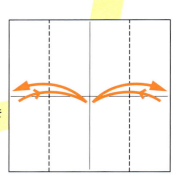

5をおっているところ

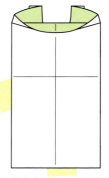

ゆびをグッといれるよ。ふくろがひらくから、つぶしてね。

おしゃれブティック

シャツ

さあ、スカートにあわせて、なにいろでおろうかな？
おおきなかみでおると、ふうとうみたいに
なかに、てがみがいれられるの。

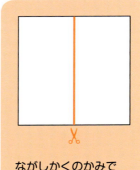

ながしかくのかみで
おりはじめます。

1 はんぶんに
おって、
おりすじを
つけます。

2 りょうがわを
さらに
はんぶんに
おります。

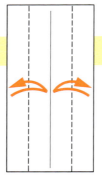

3 したは、かどを
さんかくにおります。
うえは、てんせんの
ところで
むこうがわへ。
ここがシャツの
えりになります。

4 おりすじの
ところで
おります。

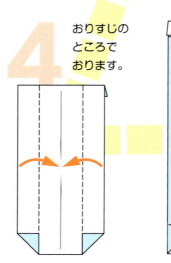

5 うえを、
もういちど
むこうがわへ
おります。したは、
おりすじだけ
つけます。

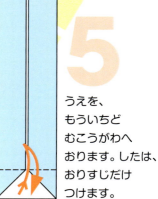

遊び方のヒント

いろいろな色や柄でシャツやスカートを折って、着せ替え遊びのように組み合わせのおもしろさを楽しみましょう。なお、シャツとスカートでは折り上がりサイズが異なります。スカートを15cm四方の紙で折った場合、シャツは幅10cm程度の長方形から折ると、だいたいサイズがそろいます。

↑から
ゆびをいれ、
そとにひらいて
つぶします。
○と○を
かさねるように
すると、
うまくいきます。

6をおっているとちゅう

まんなかによせて
かどをおります。

したのふちを、
えりのしたに
さしこんで
おります。

できあがり

おしゃれブティック

ワンピース

ワンピースは、あこがれのおようふく。
えりとすその、いろちがいがすてきね。
ほんもののふくも、おりがみみたいに
つくれたらいいのにな！

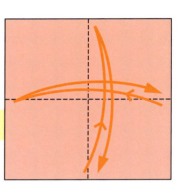

1 たて・よこにおって、おりすじをつけます。

2 しただけおりすじをつけます。

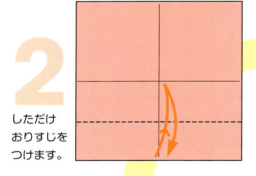

3 おりすじにあわせてむこうがわへはんぶんにおります。

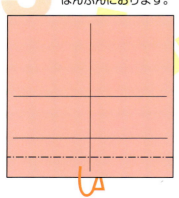

4 こんどはたてのおりすじにあわせております。

5 いろがかわるところにあわせております。

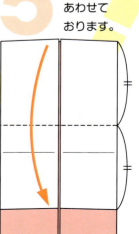

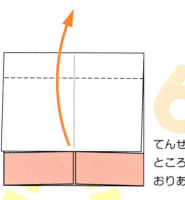

6 てんせんの
ところで
おりあげます。

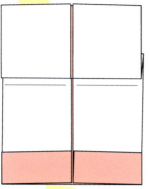

6をおったところ

おりがみ創作：新宮文明

うらがえす

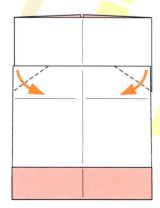

7 うらがえしたら、
ちいさなさんかくを
おって、おりすじをつけます。

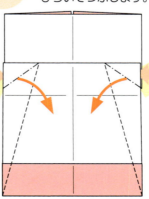

8 ◀ からゆびをいれて、
やじるしのほうへ
ひらいてつぶします。

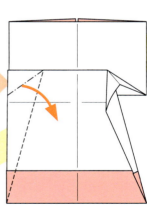

8をおっているところ

つぎの
ページへ

おしゃれブティック

ゆかた

なつまつりやはなびのときに、ゆかたをきると
うきうきしたきぶんになるよね。
みんなは、どんなもようのゆかたがすき？

1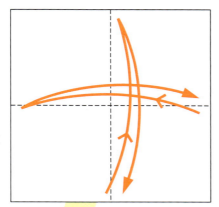
たて・よこに
おって、
おりすじを
つけます。

2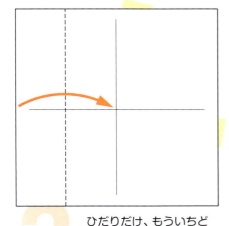
ひだりだけ、もういちど
はんぶんにおります。

4
りょうはしを
てんせんの
ところで
おって、
おりすじを
つけます。

3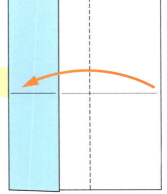
みぎを、
てんせんの
ところで
おります。

つぎのページへ

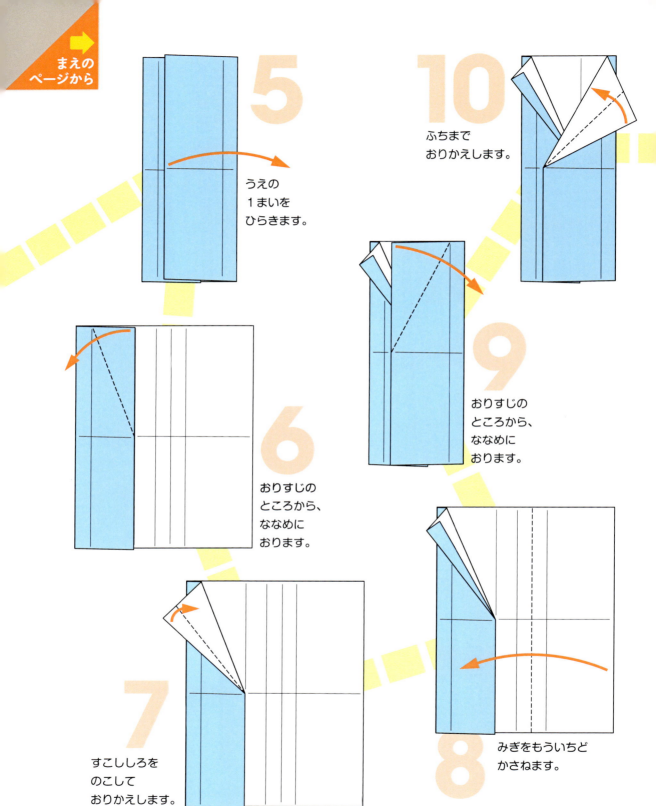

おしゃれブティック

ドレス

ふわっとすそがひろがった
ロマンチックなドレスなの。
すてきなもようのかみで、おってみて。
ちょっとむずかしいけど、チャレンジ！

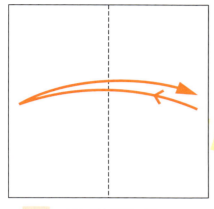

1 はんぶんにおって
おりすじをつけます。

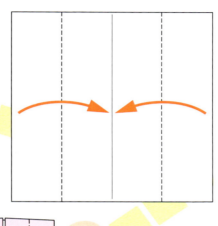

2 おりすじにあわせて、はんぶんにおります。

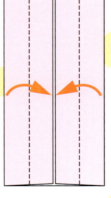

3 もういちどはんぶんにおります。

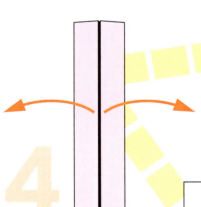

4 いちどひろげます。

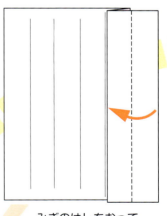

6 みぎのはしをおってかさねます。
ひだりがわもおなじに 5〜6をおります。

5 まんなかの○のおりすじにあわせて、だんおりします。

つぎのページへ

85

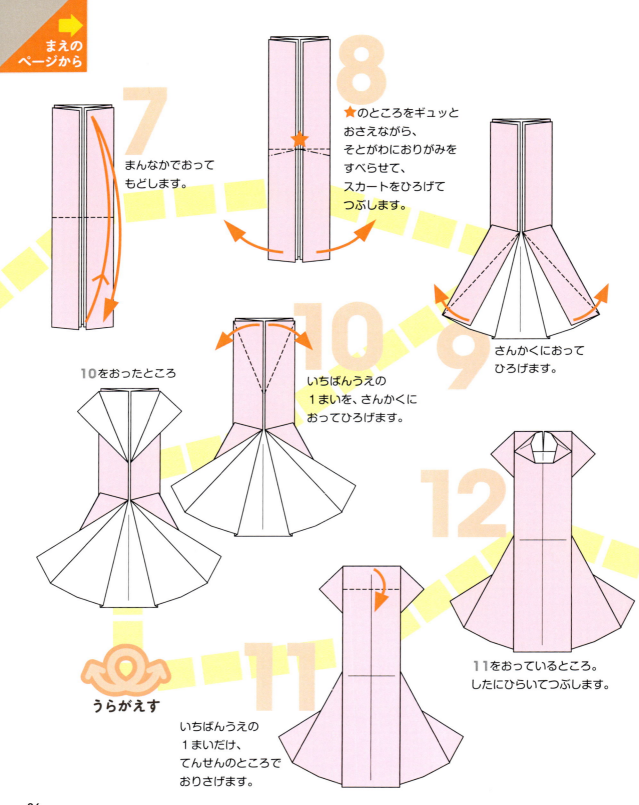

おしゃれブティック

リボン

かわいいリボンのおりがみは、おしゃれのつよーいみかた。カチューシャにつけてもいいし、ほんもののリボンのかわりにおくりものにペタッとはったり。いろいろにつかえちゃうの。

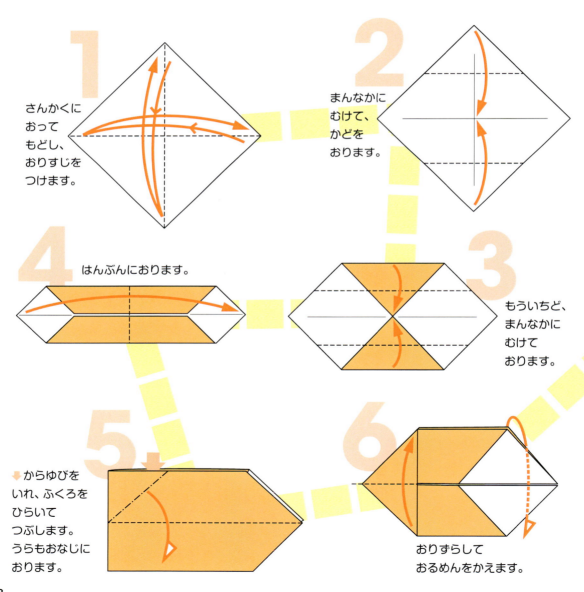

1 さんかくにおってもどし、おりすじをつけます。

2 まんなかにむけて、かどをおります。

3 もういちど、まんなかにむけております。

4 はんぶんにおります。

5 ▶からゆびをいれ、ふくろをひらいてつぶします。うらもおなじにおります。

6 おりずらしておるめんをかえます。

7
てんせんのところで
おりかえします。

8
かどを
おります。
うらもおなじに
おります。

9
●のあたりを
ゆびで
おさえながら、
りょうがわに
ひっぱります。

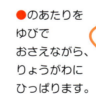

パッチンどめに
つけてみたの

おりめをギュッとおさえた
まま、ひっぱるよ。

できあがり

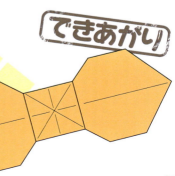

おしゃれブティック

ハートのブレスレット

うでにつけたら、かわいいハートに、めがくぎづけ！
おともだちとおそろいでつけたら、なかよしのしるし。
プレゼントしちゃおう。

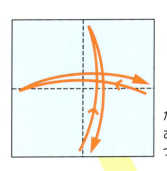

1 たて・よこにおって、おりすじをつけます。

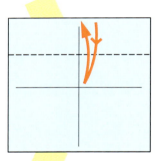

2 うえだけはんぶんにおって、おりすじをつけます。

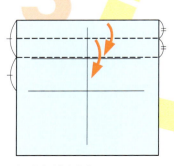

3 ほそながく2かい、まくようにおります。

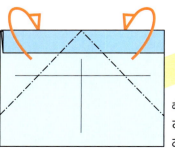

4 むこうがわへさんかくにおります。

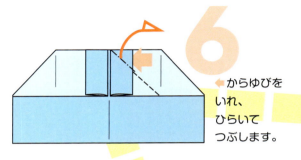

6 からゆびをいれ、ひらいてつぶします。

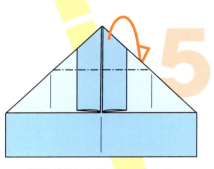

5 うらがえしたら、おりすじのところで、やまおりします。

うらがえす

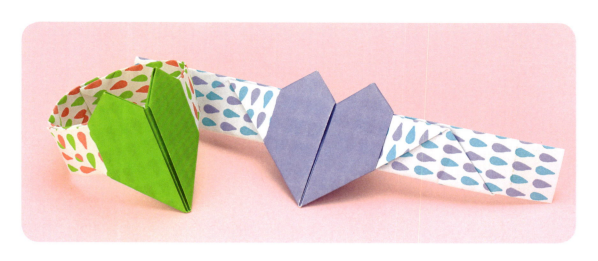

6をおっているところ。ひだりもおなじに。

○のふちと◎がかさなるようにおります。

てんせんのところで、まくように3かいおりあげます。

9をおったところ

うらがえす

できあがり

うでにまいてとめてね。

どう？すてきでしょ

おしゃれブティック

ハートのネックレス

かみのおもてと、うらのいろがくみあわさった
2しょくのハートをおりましょう。
くさりやひもをつけたら、ネックレスにはやがわり！

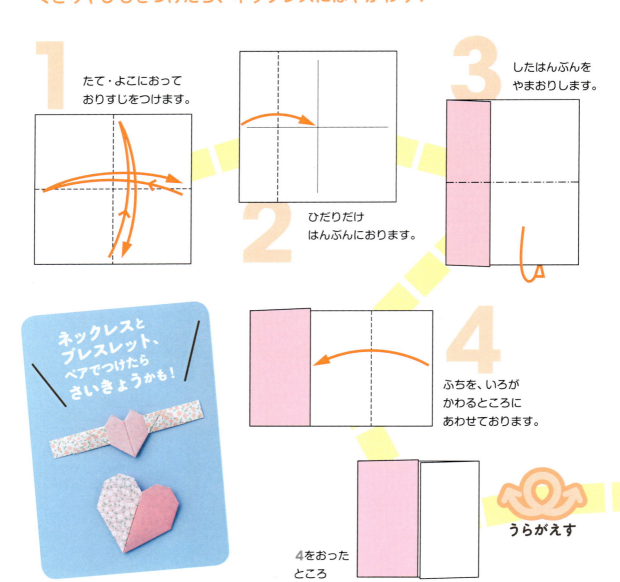

おしゃれブティック

うでどけい

「いま、なんじ？」ときかれたら、
じまんのとけいをみせちゃおう！
もじばんをかいて、
とけいをかざってね。

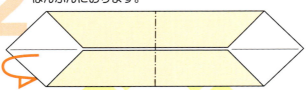

2 むこうがわへ
はんぶんにおります。

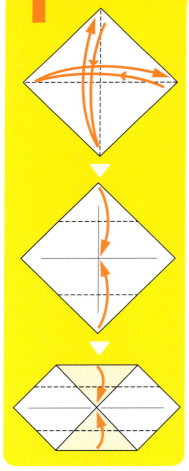

1 「リボン」(88ページ) の
3 までおります。

3 てんせんのところで
2まいとも
おりかえします。

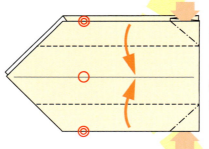

4 ⬆からゆびをいれ、
◎と○があうように
ひらいてつぶします。

5 4をおったところ。
うらもおなじに。

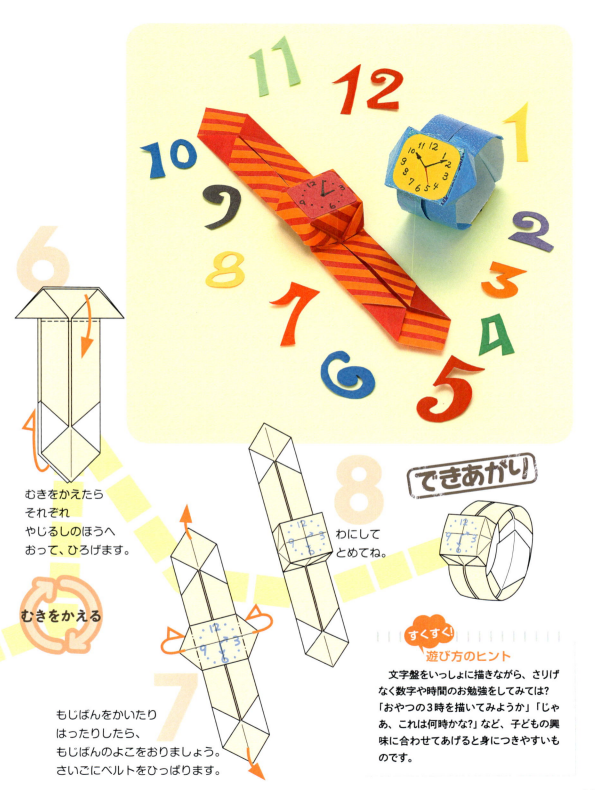

おしゃれブティック

ゆびわ

ホイルおりがみをつかえば、ほうせきが
キラキラとかがやく、すてきなゆびわのできあがり。
おとなきぶんをあじわっちゃおう！

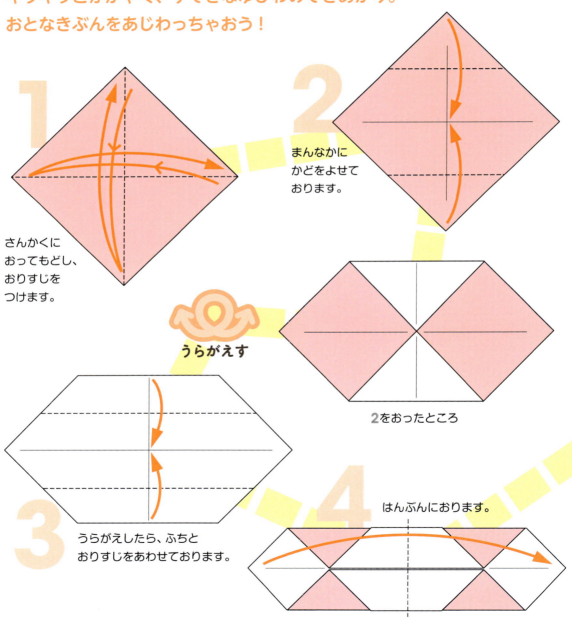

1 さんかくにおってもどし、おりすじをつけます。

2 まんなかにかどをよせております。

2をおったところ

うらがえす

3 うらがえしたら、ふちとおりすじをあわせております。

4 はんぶんにおります。

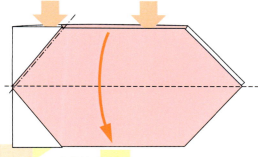

5をおったところ。
うらもおなじように
おります。

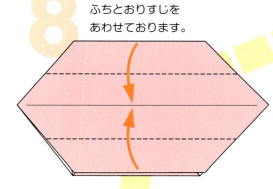

ふちとおりすじを
あわせております。

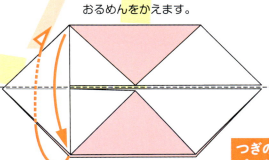

おりずらして
おるめんをかえます。

からゆびをいれ、
ふくろをひらいてつぶします。

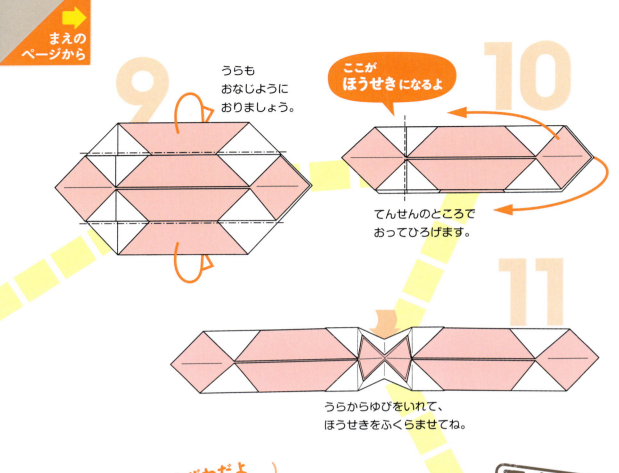

おしゃれブティック

サングラス

すこしむずかしいから、さいしょは
おおきなかみで、チャレンジしましょう。
おりやすいし、かけてあそべるおおきさにおれます。
あたまのうえにピンでとめて
カチューシャみたいにすると、かっこいいよ！

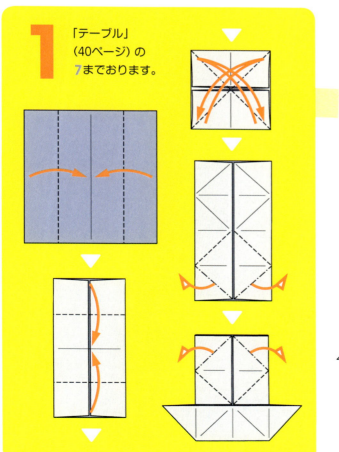

1 「テーブル」（40ページ）の **7** までおります。

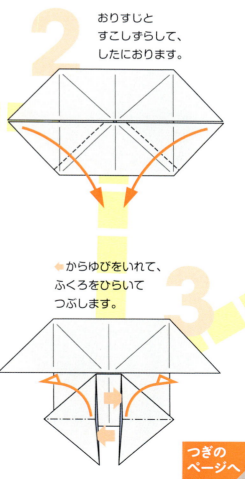

2 おりすじとすこしずらして、したにおります。

← からゆびをいれて、ふくろをひらいてつぶします。

3

つぎのページへ

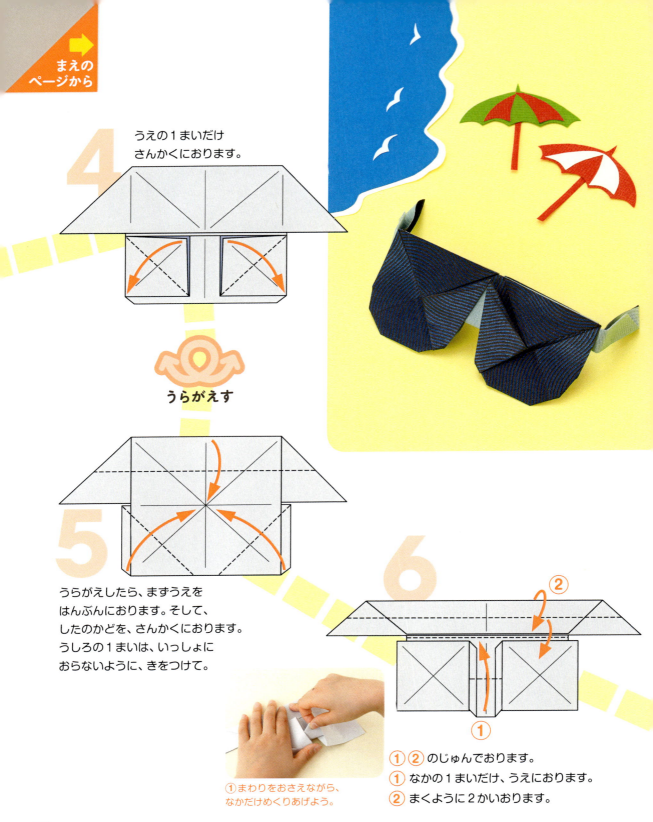

おしゃれブティック
ハンドバッグ

せっかくのおでかけだもん、すてきなバッグをもって、でかけましょ！
ちいさなかみでれんしゅうしてから、おおきなかみにちょうせんしてね。

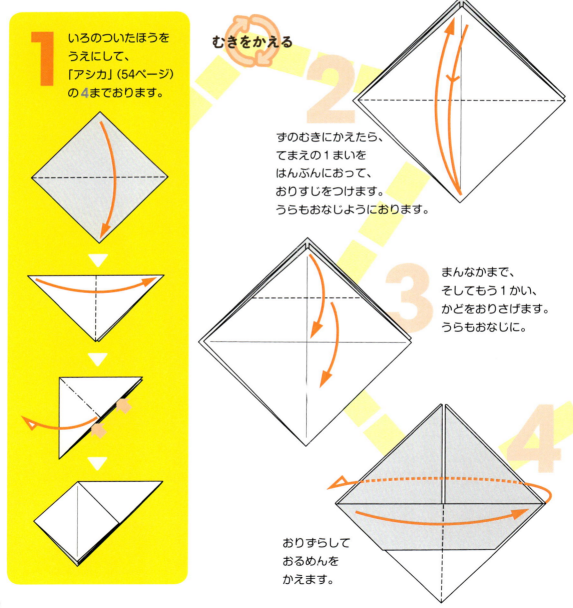

1 いろのついたほうをうえにして、「アシカ」（54ページ）の **4** までおります。

むきをかえる

2 ずのむきにかえたら、てまえの1まいをはんぶんにおって、おりすじをつけます。うらもおなじようにおります。

3 まんなかまで、そしてもう1かい、かどをおりさげます。うらもおなじに。

4 おりずらしておるめんをかえます。

できあがり

もちてをのりで
とめてね。

5
さんかくに
おってもどし、
おりすじをつけます。

6
おりすじにあわせて
かどをおります。

7
おりすじの
ところでおります。

8
7をおったところ。
うらもおなじように
5〜7をおりましょう。

9
てんせんでおったら、
からてをいれて
「そこ」をひろげます。

おしゃれブティック

ふたつきのはこ

おきにいりのかみでおったら、
わたしだけの「ひみつのはこ」のできあがり！
たいせつなものをしまいましょ。

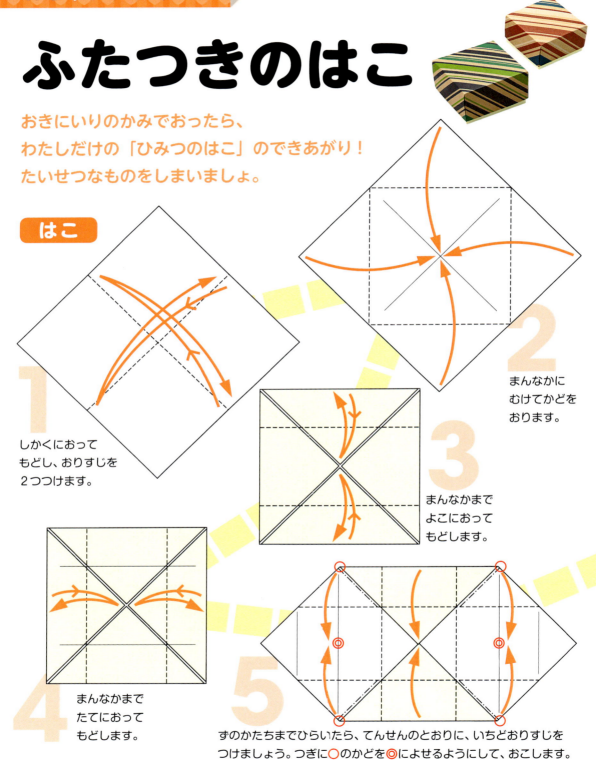

おしゃれブティック

ほうせきばこ

たいせつなものをいれたい、
じぶんだけのほうせきばこよ。
ジグザグのもようが、おしゃれでしょ？
すこしおりかたがこまかいけれど、がんばってみてね！

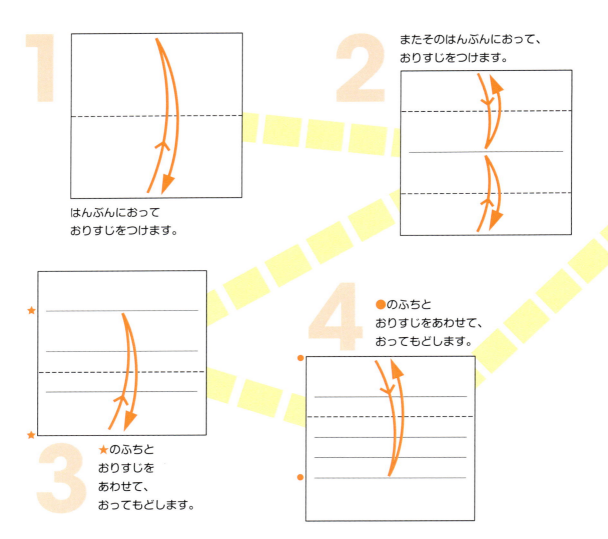

1 はんぶんにおって
おりすじをつけます。

2 またそのはんぶんにおって、
おりすじをつけます。

3 ★のふちと
おりすじを
あわせて、
おってもどします。

4 ●のふちと
おりすじをあわせて、
おってもどします。

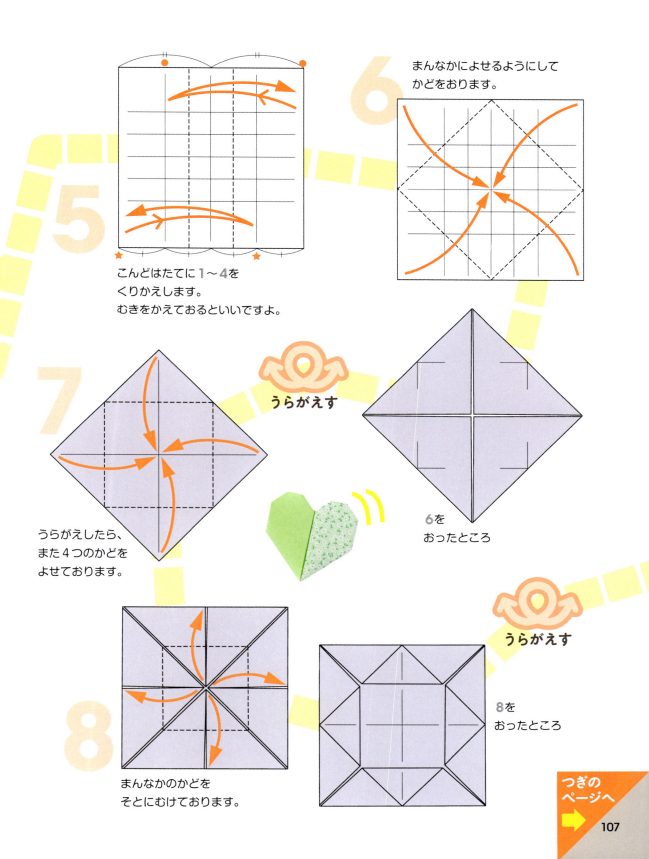

9

うらがえしたら、まんなかのかどを、そとむきにおります。

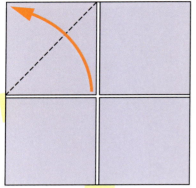

10

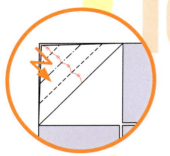

かどのアップです。
たに・やま・たにを、おなじはばでくりかえしております。

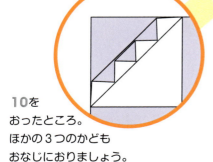

10を
おったところ。
ほかの3つのかども
おなじにおりましょう。

11

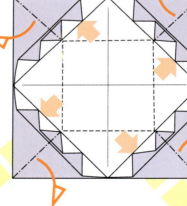

★からてをいれて、
かどをやまがたに
おこします。
はこの「そこ」は、
おりすじをつかって
へこませましょう。

できあがり♪

おしゃれブティック

カードケース

じこしょうかいのカードをくばって、おともだちをふやしましょう！

1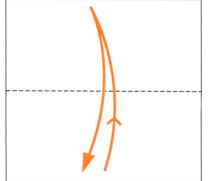
しかくにおって、おりすじをつけます。

2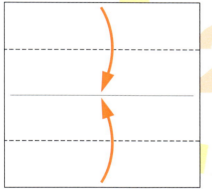
おりすじにあわせて、しかくをおります。

3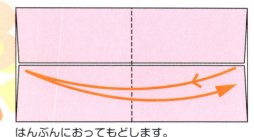
はんぶんにおってもどします。

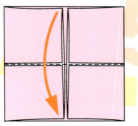
うらがえす

4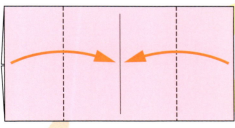
うらがえしたら、おりすじにあわせてしかくをおります。

5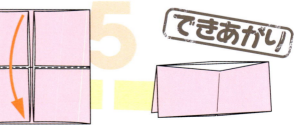
はんぶんにおります。

できあがり

おしゃれブティック

さかなのてがみ

おてがみをかいたびんせんを、かわいくおりたたんだら
おしゃれなてがみに、はやがわり！
やまおりとたにおりを、じゅんばんにくりかえすよ。

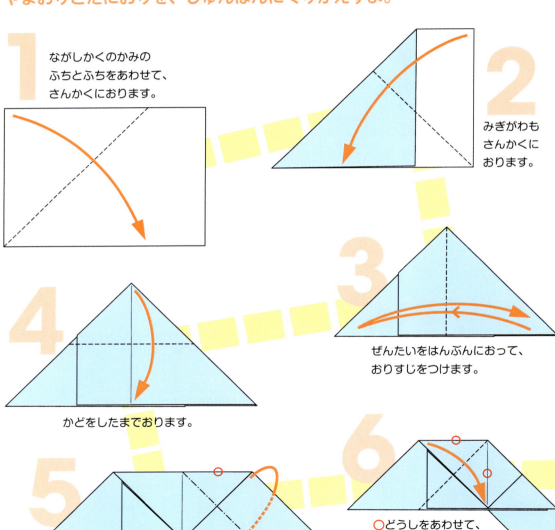

1 ながしかくのかみの ふちとふちをあわせて、さんかくにおります。

2 みぎがわもさんかくにおります。

3 ぜんたいをはんぶんにおって、おりすじをつけます。

4 かどをしたまでおります。

5 ○と、まんなかのおりすじがあうように、むこうがわへおります。

6 ○どうしをあわせて、こんどはたにおりします。

おしゃれブティック

うさぎのてがみ

しかくいおりがみが、うさちゃんかざりのついた
かわいいふうとうに、だいへんしーん。
おともだちに、たくさんてがみをおくっちゃおう！

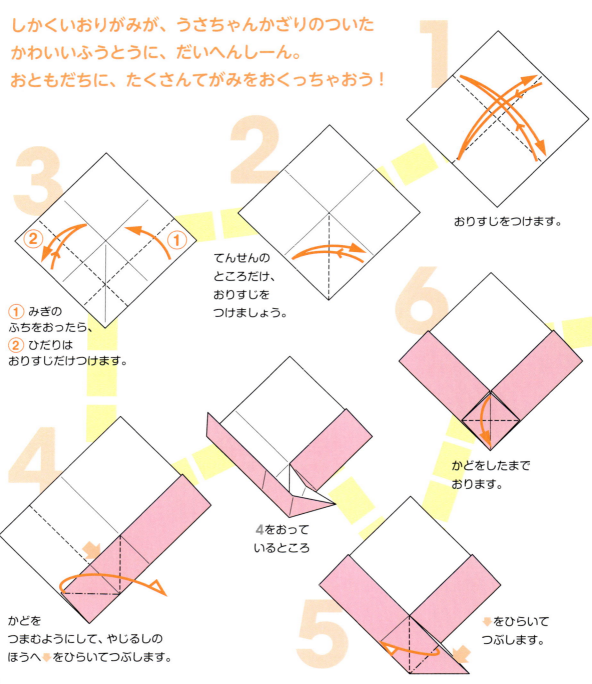

1 おりすじをつけます。

2 てんせんのところだけ、おりすじをつけましょう。

3 ①みぎのふちをおったら、②ひだりはおりすじだけつけます。

4 かどをつまむようにして、やじるしのほうへ▼をひらいてつぶします。

4をおっているところ

5 ▼をひらいてつぶします。

6 かどをしたまでおります。

おりがみ創作：新宮文明

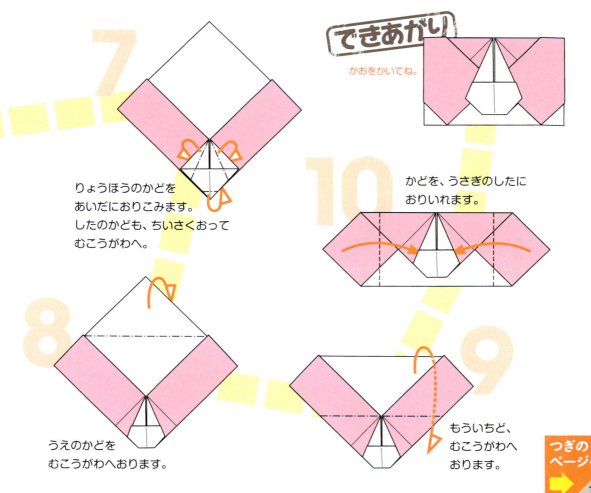

7 りょうほうのかどを あいだにおりこみます。 したのかども、ちいさくおって むこうがわへ。

8 うえのかどを むこうがわへおります。

9 もういちど、むこうがわへ おります。

10 かどを、うさぎのしたに おりいれます。

できあがり かおをかいてね。

つぎのページへ

113

びんせんだって うさちゃんかざりに

おりがみ創作：新宮文明

1 びんせんのはしを ①②のように、おなじ はばだけおります。 ③のおりすじも つけてね。 あとは、ふうとうの 3〜4を おなじにおります。

2 すみっこの アップです。 ひらいて…

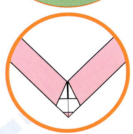

3 しかくに つぶしたら、 ふうとうの 6〜7と おなじにおって…

できあがり

なかよしの しるし！

すくすく！ 遊び方のヒント

この作品を折ったら、いっしょに手紙のマナーも覚えましょう。相手の名前を最初に書くこと、気持ちを伝えるために、どんなふうに書いたらいいかなどを教えてあげてくださいね。

4 すてきなおはなやさん

きれいでかわいい、おはなはいかが？

あかにピンクに、きいろやあお。
いろとりどりのおはなたちが、とってもきれい！
おはながほしくなったら、
わたしのじまんの、おみせにきてね。

すてきなおはなやさん

つきみそう

おつきさまがでるころに、はながひらく「つきみそう」。
おりかたのさいごで、はなびらをひらくところは
ほんもののつぼみが、ひらくときみたい！

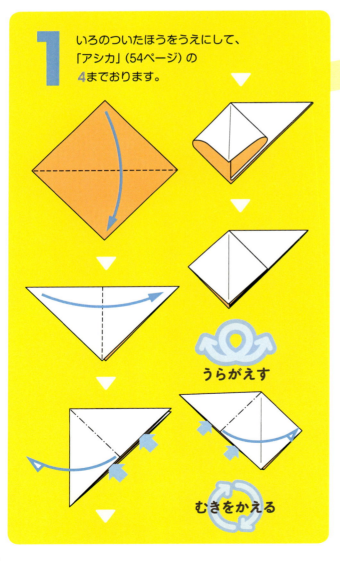

1 いろのついたほうをうえにして、「アシカ」（54ページ）の**4**までおります。

うらがえす

むきをかえる

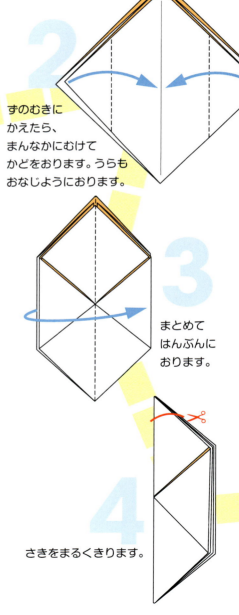

2 ずのむきにかえたら、まんなかにむけてかどをおります。うらもおなじようにおります。

3 まとめてはんぶんにおります。

4 さきをまるくきります。

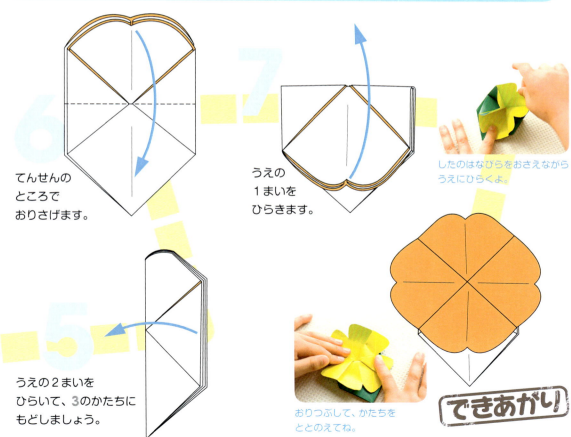

6 てんせんの ところで おりさげます。

7 うえの 1まいを ひらきます。

したのはなびらをおさえながら うえにひらくよ。

5 うえの2まいを ひらいて、3のかたちに もどしましょう。

おりつぶして、かたちを ととのえてね。

できあがり

すてきなおはなやさん

あじさい

あじさいは、あめがすきで、かたつむりともなかよし。
ちいさいかみでたくさんおって、きれいなあじさいをさかせましょう。
「つきみそう」と、おりかたがにているよ。

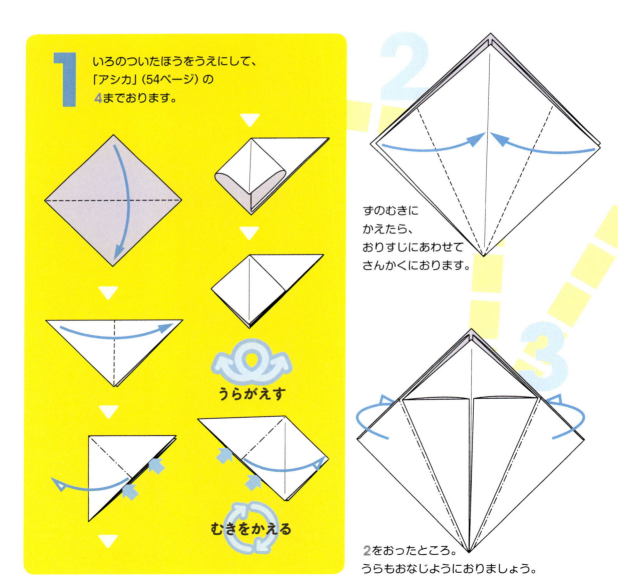

4

したのかどを
てっぺんまで
おりあげます。

5

→ からゆびをいれて、
ひらいてつぶします。

わきからゆびをいれて、グッと
おしてね。しぜんと、はなびら
がひらくよ。

すくすく！
遊び方のヒント

動植物を折るときは、実物を知っていると、よ
り真剣に楽しんで向き合えます。ぜひ親子で、家
のまわりやお出かけ先などで探してみて。見つけ
たら「これがあじさいだよ」「この間のとは少し色
がちがうね」など、いっぱい語り合いましょう。

5をひらいているところ

できあがり

つぎの
ページへ

あさがおも おっちゃおう

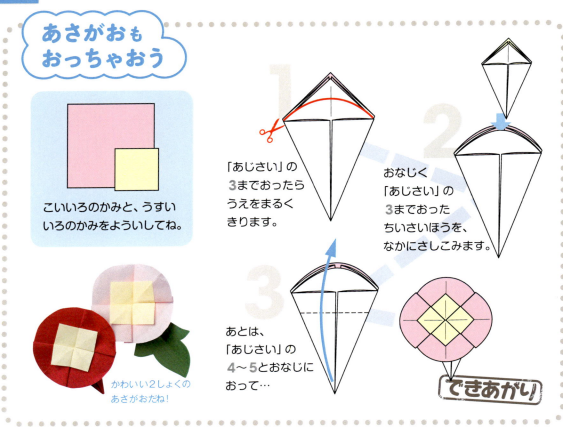

こいいろのかみと、うすい いろのかみをよういしてね。

「あじさい」の **3** までおったら うえをまるく きります。

おなじく 「あじさい」の **3** までおった ちいさいほうを、 なかにさしこみます。

あとは、 「あじさい」の **4〜5** とおなじに おって…

かわいい2しょくの あさがおだね！

できあがり

はっぱ 2

かんたんなおりかたのはっぱです。
いろいろなはなのおりがみと、くみあわせてね。

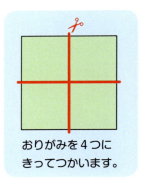

おりがみを4つに きってつかいます。

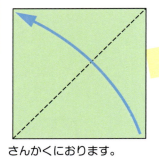

さんかくにおります。

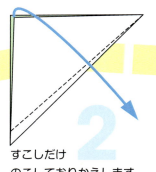

すこしだけ のこしておりかえします。

はっぱ

ひだひだのつくるかげが
ほんものみたいなはっぱです。

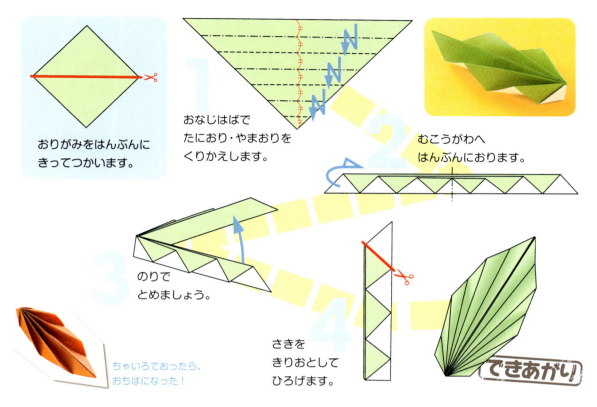

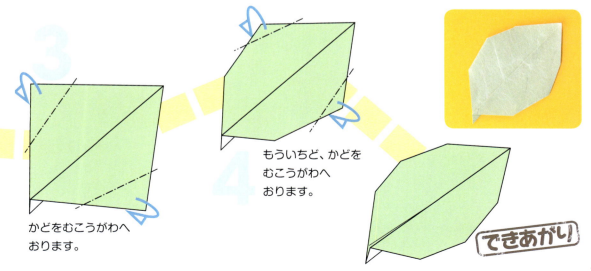

すてきなおはなやさん

ばら

なんまいも、なんまいも、はなびらの
かさなったようすが、きれいなおりがみでしょう？
あつくて、おりにくいところは
えんぴつなどでギュッとおしながら、おってみて。

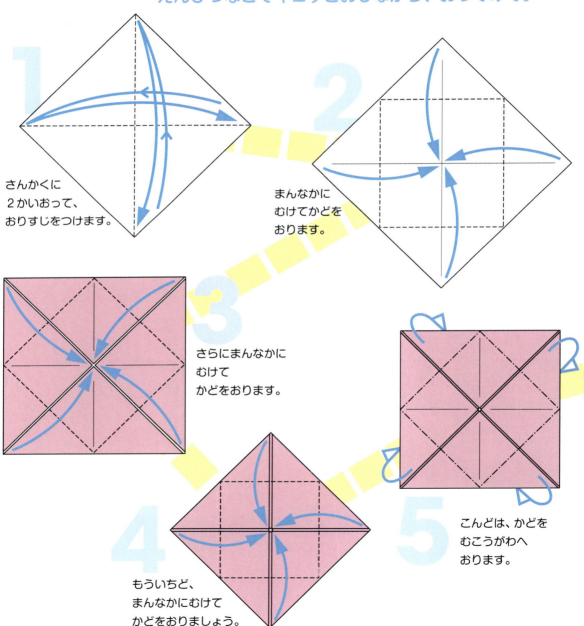

1. さんかくに2かいおって、おりすじをつけます。
2. まんなかにむけてかどをおります。
3. さらにまんなかにむけてかどをおります。
4. もういちど、まんなかにむけてかどをおりましょう。
5. こんどは、かどをむこうがわへおります。

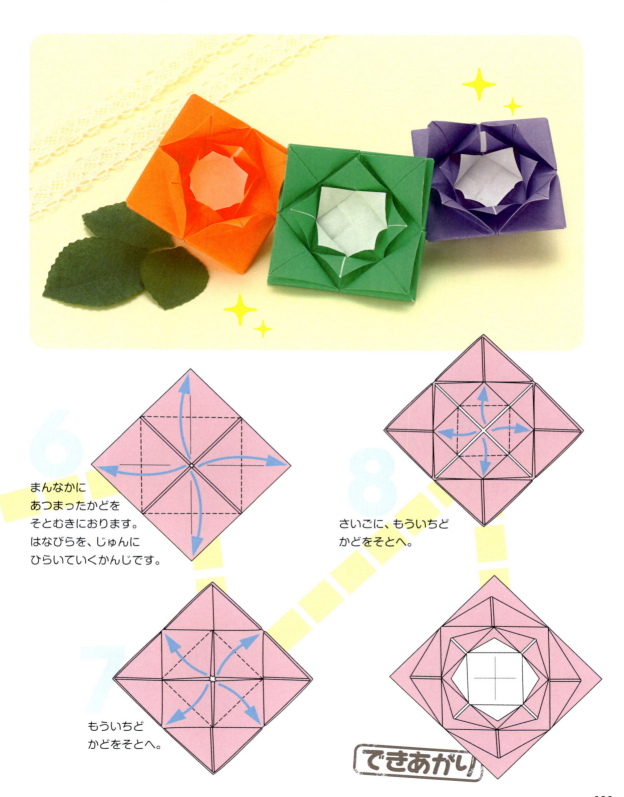

6 まんなかに あつまったかどを そとむきにおります。 はなびらを、じゅんに ひらいていくかんじです。

7 もういちど かどをそとへ。

8 さいごに、もういちど かどをそとへ。

できあがり

すてきなおはなやさん

ダリア

なつに、ボールのようなまんまるの
はなをさかせます。
はなびらいっぱい、げんきもいっぱいのダリア。
こまかくおるところを、
じっくりがんばってみてね！

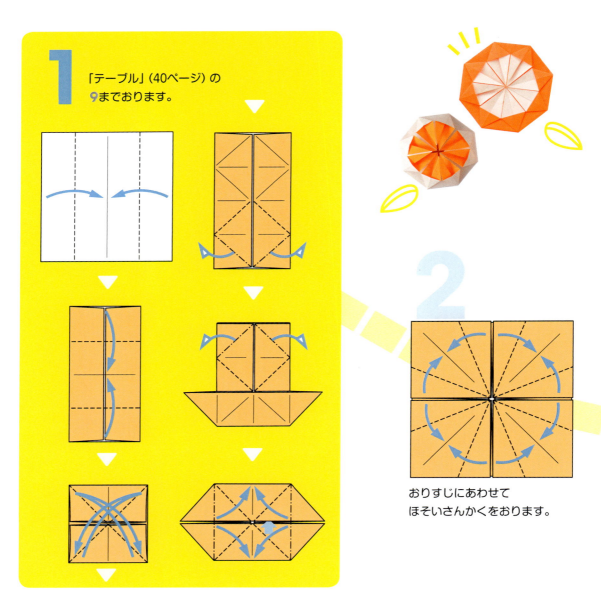

1 「テーブル」（40ページ）の 9 までおります。

2 おりすじにあわせて
ほそいさんかくをおります。

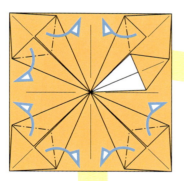

ほかの7つの
ふくろも、
おなじように
ひらいてつぶします。

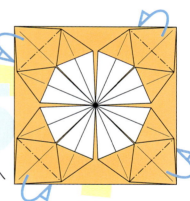

かどを
むこうがわへ
おります。

さんかくのふくろに、ゆびを
いれ、ひらいてつぶします。

ゆびをいれてひらくと、さんかく
のやねができるよ。

できあがり

すてきなおはなやさん

チューリップ

みんながよくしっている「ふうせん」のおりかたを
ちょっとかえたら、チューリップがおれちゃうよ。
だから、はなのかたちが、すこしぷっくりしているの。
はなとはっぱをべつべつにおって、くみあわせます。

はな

1 「ゆきうさぎ」(57ページ)の**4**までおります。

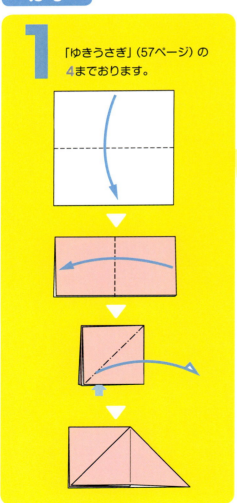

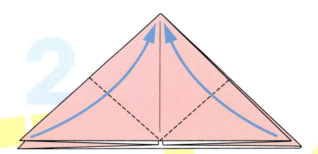

2 かどをてっぺんまでおりあげます。
うらもおなじようにおります。

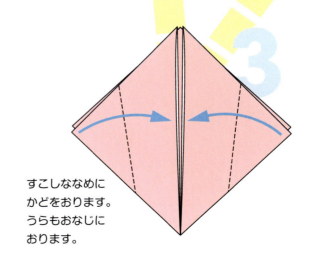

3 すこしななめにかどをおります。うらもおなじにおります。

4

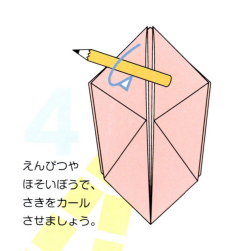

えんぴつや
ほそいぼうで、
さきをカール
させましょう。

5

したのあなから
いきを
ふきこみます。

フーッとふいてみて。ふくらみすきたらすこしつぶして、かたちをととのえてね。

できあがり

はっぱ

1

さんかくに
おって、
おりすじをつけます。

2

おりすじに
あわせて
さんかくにおります。

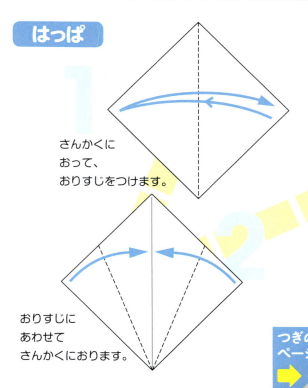

つぎの
ページへ

127

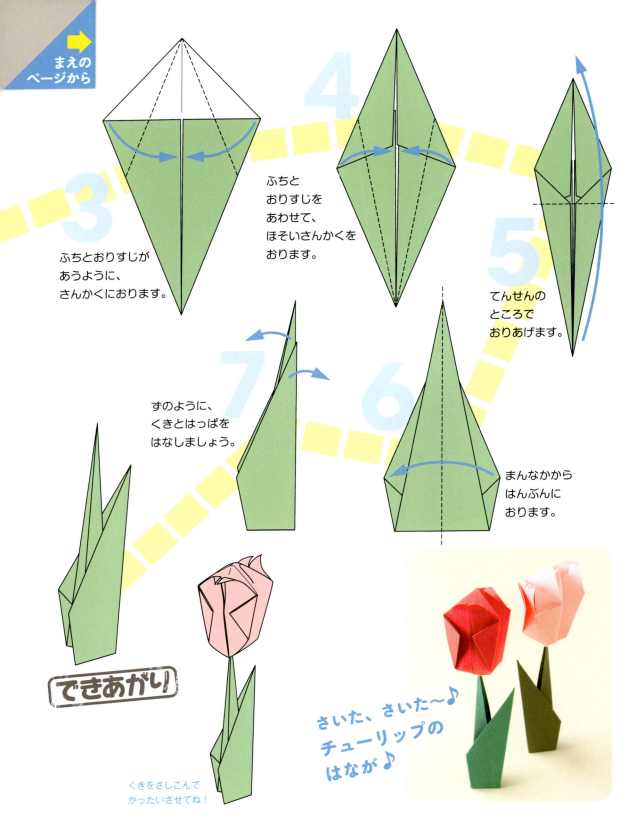

すてきなおはなやさん

つばき

たたむような、おなじおりかたを
なんどもくりかえします。
ずとおなじむきに、おりがみをおいて
みくらべながら、ひとつずつすすめましょう。

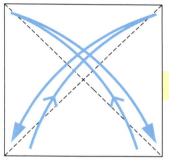

1. ななめに2かいおって
おりすじをつけます。

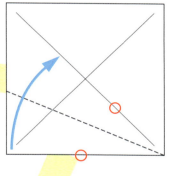

2. ○のふちとおりすじが
あうように
さんかくにおります。

3. ○と○が
あうように
さんかくにおります。

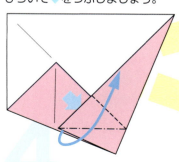

4. かどをつまむようにして、
やじるしのほうへ
ひらいて◆をつぶしましょう。

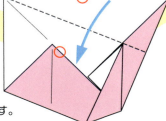

5. また○と○を
あわせております。

つぎのページへ

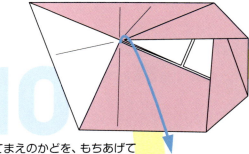

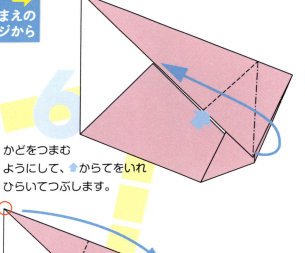

6 かどをつまむ
ようにして、↑からてをいれ
ひらいてつぶします。

10 てまえのかどを、もちあげて
すこしひらきます。

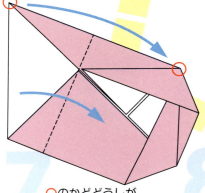

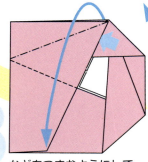

7 ○のかどどうしが
あうようにおります。

8 かどをつまむようにして、
←からてをいれ
ひらいてつぶします。

9 8をおったところ。
かどをやじるしの
ほうにひらいて、
6のかたちにもどします。

もようのかみでおっても、
ほら、かわいい！

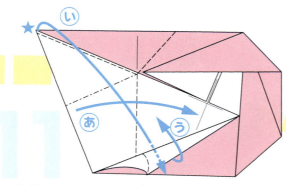
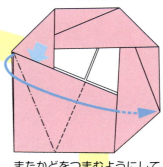

あ おりすじのところで、うちがわにおりこみます。
い ★のかどをつまむようにして、あいだにおりいれます。
う 10でもちあげたかどを、もういちどかぶせます。
ここはむずかしいから、しゃしんをみながらおってね！

またかどをつまむようにしておりたたみます。
さいごは、あいだにおりいれてね。

あ ⇒ い

あをおったところ。つぎに、うえのかどをつまんで、もちあげます。

い

つまんだかどを、したにおりいれます。

い ⇒ う

いをおったところ。みぎてのかみを、もとどおりかぶせてね。

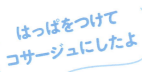
はっぱをつけてコサージュにしたよ

まんなかのかどを4つ、そとにむかっております。

できあがり

131

すてきなおはなやさん

はなのおりがみ おしゃれアレンジ

ちいさくおって たのしくかざる

あじさいを きのクリップに

しゃしんたても、 かわいくへんしん！

すきなはなをちいさくおって みのまわりのものをかざってね。 プレゼントのはこに、リボンのかわりに つけるのもかわいいよ。

せかいにひとつ、わたしだけのはなたばをつくる

あつがみを、おわんのような
かたちにきったら、
レースのぬのをはるの。
そのうえに、おはなのおりがみや
はっぱをじゆうにはってね。

レースの
もようとダリアが
すてきでしょ

うらからみると、
こんなふうになっているよ。
さいごに、うらにレースをはって
リボンをかざったら、てきあがり！

およばれのおしゃれは
てづくりのコサージュで

レースやリボンで
おりがみをかざってね。
すてきなコサージュができるよ。
おうちのひとに
おてつだいしてもらって。

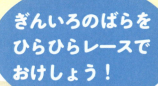
ぎんいろのばらを
ひらひらレースで
おけしょう！

レースのはしを、いとでぬったあと
ギュッといとをひっぱると、
ひらひらレースの「わ」ができるよ。

わぁ、
かわいい！

てづくりのおひなさまで、パーティしよう

5 ひなまつりの おりがみ

かわいいおひなさまをかざって、
ひなまつりのパーティをしましょ。
げんきでやさしい、すてきなおんなのこになあ〜れ！

ひなまつりのおりがみ

おひなさま

「わし」や「ちよがみ」でおると、かみのもようが
ほんとうのきものみたいで、とってもきれい。
とちゅうから、おびなとめびなに、おりかたがわかれます。

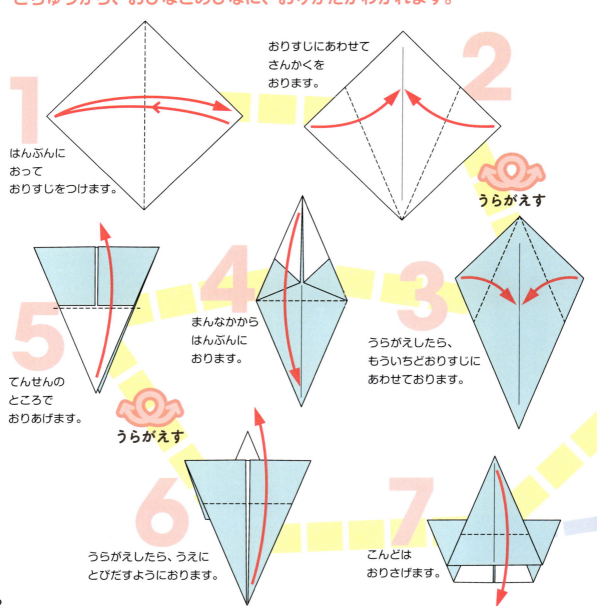

1 はんぶんにおっておりすじをつけます。

2 おりすじにあわせてさんかくをおります。

うらがえす

3 うらがえしたら、もういちどおりすじにあわせております。

4 まんなかからはんぶんにおります。

5 てんせんのところでおりあげます。

うらがえす

6 うらがえしたら、うえにとびだすようにおります。

7 こんどはおりさげます。

おびな

8 さんかくをおります。

9 りょうがわのかどをおります。

10 あたまのさきを、だんおりしてかんむりをおりましょう。

できあがり

めびな

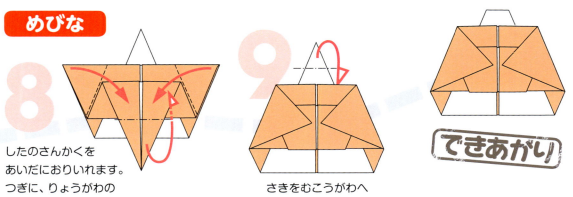

8 したのさんかくをあいだにおりいれます。つぎに、りょうがわのかどをおります。

9 さきをむこうがわへおりましょう。

できあがり

ひなまつりのおりがみ

さんにんかんじょ

さんにんのかんじょたちも、おりましょう。
「かんじょ」は、おせわをする、おんなのひとのことだよ。
とちゅうから、「たちびな」と「すわりびな」におりかたがわかれます。

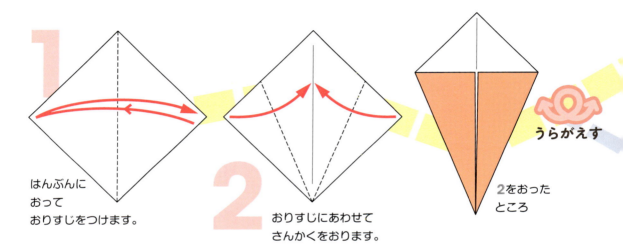

1 はんぶんにおっておりすじをつけます。
2 おりすじにあわせてさんかくをおります。
2をおったところ
うらがえす

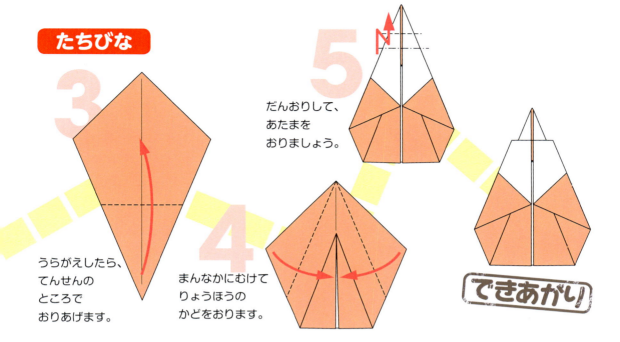
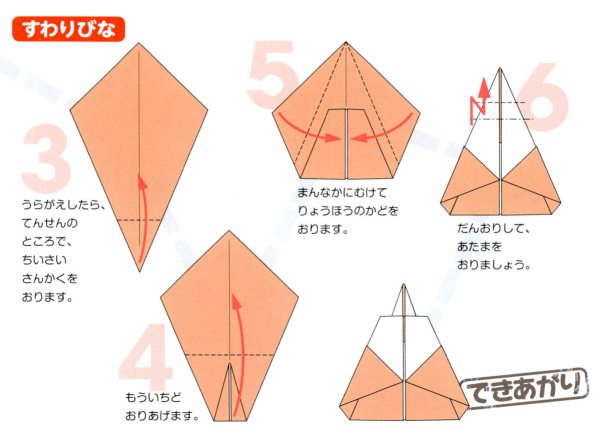

ひなまつりのおりがみ

あしつきさんぼう

「さんぼう」は、おそなえものをのせる「だい」です。
あしがついているから、あしつきさんぼう。
ひなあられをいれて、おひなさまにそえてね。

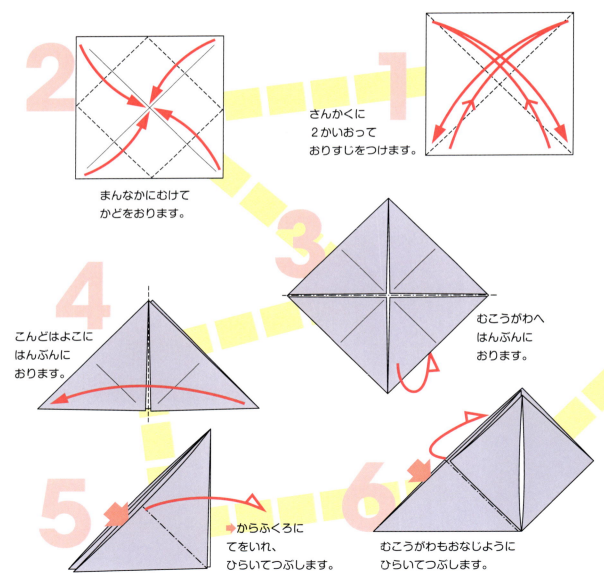

1 さんかくに2かいおっておりすじをつけます。

2 まんなかにむけてかどをおります。

3 むこうがわへはんぶんにおります。

4 こんどはよこにはんぶんにおります。

5 ➡からふくろにてをいれ、ひらいてつぶします。

6 むこうがわもおなじようにひらいてつぶします。

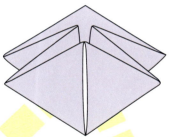

6をおったところ。
すこしうえからみているよ。

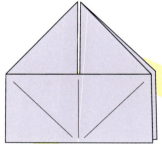

7をおったところ

むきをかえる

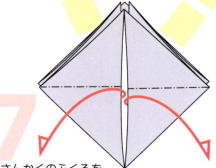

7
さんかくのふくろを
したむきにひらいて、つぶしましょう。
うらもおなじに。

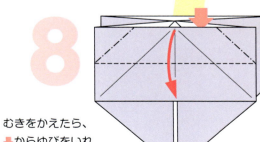

8
むきをかえたら、
⬇からゆびをいれ、
ふくろをひらいてつぶします。
うらもおなじに。

つぎの
ページへ

141

まえのページから

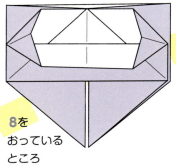
8を
おっている
ところ

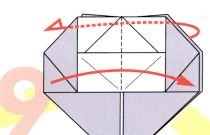
9
おりずらして
おるめんをかえます。

10
かどをちいさい
さんかくにおります。
うらもおなじに。

11
りょうわきを
はんぶんに
おりましょう。
うらもおなじです。

むきをかえる

12
うえ・したのむきを
かえたら、うえの
かどをおりさげます。

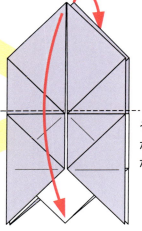

13
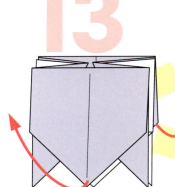
かどをおこして
そこをひろげましょう。

できあがり

さくいん

あ
- あさがお ……………………… 120
- アシカ ………………………… 54
- あじさい ……………… 118、132
- あしつきさんぼう …………… 140
- アメリカンハット …………… 38
- いす …………………………… 44
- いちご ………………………… 24
- いちごのケーキ ……………… 30
- インコ ………………………… 66
- うさぎのてがみ ……………… 112
- うでどけい …………………… 94
- エンゼルフィッシュ ………… 52
- えんとつパンやさん ………… 35
- おひなさま …………………… 136
- オムライス …………………… 18
- おりはづる …………………… 70

か
- カードケース ………………… 109
- くま …………………………… 64
- くり …………………………… 20
- クロワッサン ………………… 14
- こぶた ………………………… 62

さ
- さかなのてがみ ……………… 110
- サングラス …………………… 99
- サンドイッチ ………………… 16
- さんにんかんじょ …………… 138
- シャツ ………………………… 76
- ジュース ……………………… 26
- スカート ……………………… 74
- ソフトクリーム ……………… 28

た
- ダリア ………………… 124、133
- チューリップ ………………… 126
- ちょうちょう ………………… 46
- つきみそう …………… 116、132
- つばき ………………………… 129
- テーブル ……………………… 40
- どうぶつ ゆびにんぎょう …… 48
- ドーナツ ……………………… 34
- ドレス ………………………… 84

は
- ハートのネックレス ………… 92
- ハートのブレスレット ……… 90
- はっぱ1 ……………………… 121
- はっぱ2 ……………………… 120
- はばたくとり ………………… 68
- ばら …………………… 122、134
- ハンドバッグ ………………… 102
- ふうせんきんぎょ …………… 60
- ふたつきのはこ ……………… 104
- ほうせきばこ ………………… 106

や
- ゆかた ………………………… 81
- ゆきうさぎ …………………… 57
- ゆびわ ………………………… 96

ら
- リボン ………………………… 88

わ
- ワンピース …………………… 78

作品協力／新宮文明（おりがみくらぶ）

装丁／今井悦子（MET）

本文デザイン／今井悦子（MET）　フレーズ

撮影／小室和宏（DNPメディア・アート）　鈴木江実子・松木 潤（主婦の友社写真課）

小物作成／阪本あやこ　鈴木キャシー裕子

折り図製作／速水えり　西紋三千代

作品製作・構成・編集／鈴木キャシー裕子　唐木順子

モデル／小宮桜子ちゃん・村上七海ちゃん（Comoモデル）

編集担当／松本可絵（主婦の友社）

参考文献　『脳をそだてるおりがみあそび』『はじめてのおりがみ』
　　　　　『決定版 簡単おりがみ百科』『入学までにおぼえたい 3・4・5才のおりがみ』
　　　　　『図形力とくふう力がつく 5・6・7才のおりがみ』（すべて主婦の友社）

おりがみくらぶ　http://www.origami-club.com

※本書は『やさしい心が育つ女の子のおりがみ』（2010年刊）に新規内容を加えて再編集したものです。

決定版　女の子のおりがみ
けっていばん　おんな　こ

編　者　主婦の友社

発行者　平野健一

発行所　株式会社 主婦の友社
　　　　〒141-0021 東京都品川区上大崎3-1-1 目黒セントラルスクエア
　　　　電話　03-5280-7537（編集）
　　　　　　　03-5280-7551（販売）

印刷所　大日本印刷株式会社

◆本書の内容に関するお問い合わせまた、印刷・製本など製造上の不良がございましたら、
　主婦の友社（電話03-5280-7537）までご連絡ください。
◆主婦の友社が発行する書籍・ムックのご注文は、
　お近くの書店か主婦の友社コールセンター（電話0120-916-892）まで。
　＊お問い合わせ受付時間　月〜金（祝日を除く）　9：30〜17：30

主婦の友社ホームページ　https://shufunotomo.co.jp/

©Shufunotomo Co., Ltd. 2016 Printed in Japan
ISBN978-4-07-417579-6

Ⓡ本書を無断で複写複製（電子化を含む）することは、著作権法上の例外を除き、禁じられています。
本書をコピーされる場合は、事前に公益社団法人日本複製権センター（JRRC）の許諾を受けてください。
また本書を代行業者等の第三者に依頼してスキャンやデジタル化することは、
たとえ個人や家庭内での利用であっても一切認められておりません。
JRRC〈 https://jrrc.or.jp　eメール：jrrc_info@jrrc.or.jp　電話：03-6809-1281 〉

に-103113